MOIN OLDEMOR

INGRID BRASE SCHLOE

Ingrid Brase Schloe

Ingrid Brase Schloe

MOIN OLDEMOR

GESCHICHTEN UND GESCHICHTLICHES AUS NORD-SCHLESWIG

edition DAX

Originalausgabe
Erste Auflage

Herausgegeben von Dagmar Reichardt
Bearbeitet von Reidar Meyer von Dewitz

ISBN 3-88697-002-7

Illustration durch die Autorin
Umschlaggestaltung (unter Verwendung einer Seidenmalerei der Autorin):
Gerlinde Kaltofen

Gewidmet
meinen Kollegen in Nordschleswig,
den Lehrern und Erziehern im Ruhestand

Inhalt

Vorwort

In Nordschleswig gibt es deutsche und dänische Ströme. Der eine oder andere Strom uferte zu unterschiedlichen Zeiten so aus, daß er den Lebensraum des jeweils schwächeren Bachs einengte, ihn überflutete.

Da sich diese beiden "Flüsse" durch fast alle nordschleswigschen Familien ziehen, haben sich Auswirkungen gezeitigt, die ein Nebeneinander erschwert, zeitweilig fast unerträglich gemacht haben.

Heute besinnt man sich auf beide Quellen, erkennt den Reichtum, verfolgt sorgfältig Seitenarme und weiß die Bewässerung aus zweierlei Adern oder Sprachstrudeln zu schätzen. Da lag es nahe, daß ich meiner dänischen Urgroßmuttter nachspürte und in Briefen aus ihrem Nachlaß ihr Schicksal erschloß, das eng mit dem Kriegsgeschehen von 1864 verwoben ist, aber über nationale Grenzen hinausweist.

"*Oldemor*"* bietet in diesem Buch einen exemplarischen, vielleicht etwas verschnörkelten Rahmen für viele handgestickte Kreuzstichbilder mit sich ergänzenden Unter- und Deckfäden.

Wenn sie auch ihren Ururenkel Jeppe zu Worte kommen läßt, dann ist das ein Zugeständnis an meine Leser, die in den »Grenzlanddrosseln« so viel Freude an den zweisprachigen Blüten hatten.

Apenrade, 27.8.90

* Dänisch (sprich: »Ollemor«): *Urgroßmutter*

Aus der komplizierten dänisch-schleswig-holsteinischen Geschichte

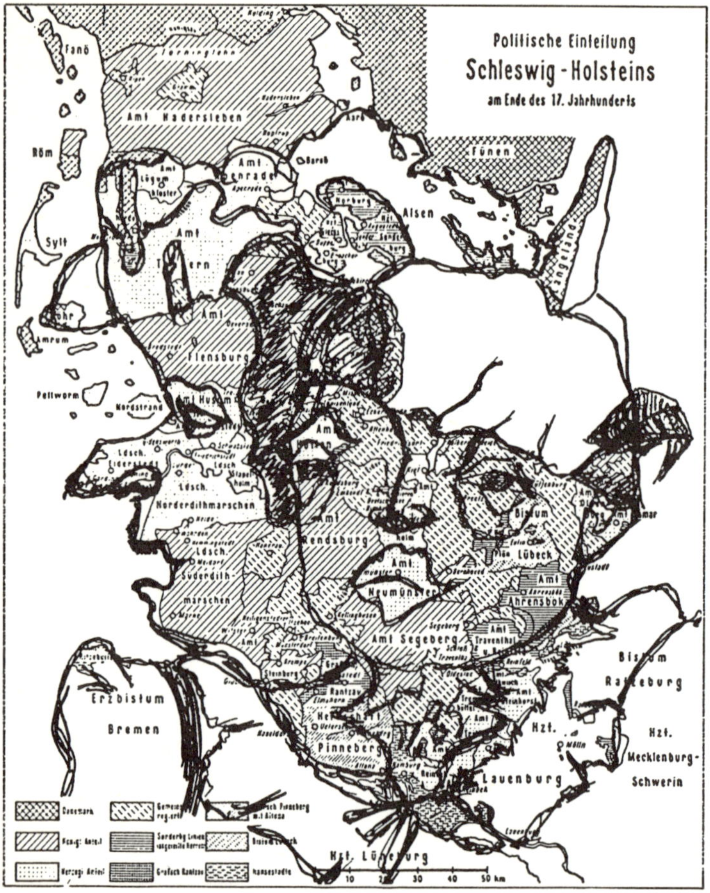

Ei – da(der) – steht(stedt) Königin Witwe Sophia
und schaut aus nach Mitteln der Macht
für Ulrich, den Armen, der unbedacht
neben Christian, für den die 4 da.

Moin Oldemor *

Seit 1460 waren die Herzogtümer Schleswig und Holstein in Personalunion mit dem dänischen König zum dänischen Königreich verbunden. Der dänische Gesamtstaat reichte zeitweilig vom Nordkap bis zur Elbe. Kopenhagen wurde von den Schleswig-Holsteinern bis 1864 als ihre Hauptstadt betrachtet.

Heinrich Boll aus dem Holsteinischen machte sich 1855 auf mit Pastors Flöte unterm Arm in die Hauptstadt Kopenhagen, das Kunst-und Kulturzentrum des Landes. Sein ältester Bruder würde den väterlichen Bauernhof erben. Er selbst, Heinrich, sollte wie seine jüngeren Brüder ein Handwerk erlernen -- nach Gelegenheit, Lust und Begabung – und er war froh, daß sich das bei ihm schon früh fast von selbst geregelt hatte. Der Dorfschulmeister hatte nämlich sein Augenmerk auf ihn gerichtet.

Heinrich sang so schön. Er sang begeistert und laut und dazu noch richtig und konnte beim täglichen Choralgesang als wichtige Stütze des Lehrers gelten. Der war zu sehr mit seiner Violine beschäftigt, als daß er seine Schüler mit kräftiger Stimme durch viele Strophen ziehen konnte. Dies übernahm Heinrich als Vorsänger. Er trat vor die sechsundsiebzig Schüler der einklassigen Dorfschule ans Pult, fing mit Sicherheit den Ton von der Violine ein und stimmte an. Da setzten die Großen und die Kleinen einstimmig und doch vielstimmig ein: »Großer Gott, wir loben Dich...«.

So nimmt es nicht wunder, daß bei einer Schulvisitation der Vorsänger Heinrich Boll dem Propsten höchst angenehm auffiel. Er klopfte dem Jungen anerkennend auf die Schulter: »Du hast Uns erfreut, mein Sohn. Wir lassen von Uns hören.«

Vielleicht war dem Propsten schon in diesem Augenblick die Querflöte seines kürzlich verstorbenen Amtsbruders eingefal-

* Plattdeutsch (*Moin*) / Dänisch (*Oldemor*), etwa: *Bonjour, Urgroßmutter!*

len, für die keine Verwendungsmöglichkeit mehr bestand. Jedenfalls verabschiedete er sich nach einem guten Frühstück aus der Lehrerküche vom Lehrer und Organisten mit den Worten: »Er wird wohl die Anfänge des Flötenspiels plausibel machen können. Wir haben festgestellt, daß Er einen musikalischen Schüler hat in Seiner Schar.«

Wirklich wurde Pastors gute Querflöte nach einigen Wochen von einem Zufallsboten im Lehrerhaus abgegeben, und der Alleskönner und -wisser, der Schullehrer des Dorfes, mühte sich fortan mit den Anfangsgründen des Flötenspiels und mit seinem Zögling ab. Doch suchte er bald Hilfe beim Pastor des Nachbardorfes, und mit diesem Lehrer hatte der kleine Heinrich Glück. Der Pastor kannte sich aus in Haltung, Atemtechnik und Fingerübungen und vergaß das Loben nicht: »Du spielst schon recht artig, und Du übest auch fleißig!«

Damit hatte er recht; denn Heinrich interessierte sich nicht für die Landwirtschaft und nahm viel lieber die Flöte zur Hand als die Forke. Deswegen hatte er freilich oft den Spott der Brüder zu ertragen: »Du mit deinen Pastorhänden!«, »Spinnenfinger!«, »Dir fällt ja doch die Karre aus deinem Birkenspruck!«. Damit spielten sie auf Heinrichs zartgliedrige, weiße Hände an. Nur die Mutter freute sich an dem Wohlklang der Flöte bei ihrer Arbeit.

Oft klang das Konzert am Nachmittag allerdings eher komisch als schön. Dann fanden sich die beiden Solisten des Hofes zusammen im herzerweichenden Duett. Zur Querflöte stimmte unweigerlich Calli, der Rattenbeißer, mit ein, wenn ihn nicht anderweitige Geschäfte über die Felder führten. Calli dehnte sofort verzückt den Hals, sobald er die Flötentöne vernahm. Dann schloß er wie ein Star-Tenor die Augen, drehte wohlgefällig den Kopf und legte sich richtig in seine Solopartien hinein. Er wußte, daß er sich nicht zum Bellen verleiten lassen durfte, denn dann wurde er ohne Rücksicht in den Schweinestall verbannt. Beließ er es aber bei schmelzenden, melodiösen Tönen, dann amüsierte sich der kleine Heinrich und setzte sein Flötenspiel endlos fort, weil auch Vater und Brüder an dem musikalischen Hund ihre Freude hatten. Auf diese Weise summierten sich die Übungsstunden.

Schon vor seiner Konfirmation wurde Heinrich zur Hausmusik gebeten. Dazu lud sein Flötenlehrer-Pastor einen Amtsbruder und den Lehrer mit seiner Violine ein. Heinrich spielte »brav und ordentlich«, wie man sich ausdrückte. Das Schönste an diesen Abenden war seine Küchenstunde. Wenn die Herren sich »am Zusammenspiele ergötzt« hatten, genossen sie zum Kaffee ein Stückchen Kuchen, und während sie sich anschliessend in dicke Tabakswolken hüllten und in Männergespräche vertieften, setzte Frau Pastor Heinrich einen Berg von Kuchen mit Saft vor. Dann verschwand sie, und Heinrich schnackte richtig plattdütsch drauf los mit Lina, der Magd, und er fühlte sich ganz wie zu Haus und obendrein herrlich kuchensatt.

Bei solcher Gelegenheit mochte »drinnen in der Studierstube« von einem Triumvirat Heinrichs weiteres Schicksal erörtert worden sein. Denn er sollte eines Abends zu Hause bestellen: »Die wollen Freitag abend nach dem Melken mal mit euch schnacken.«

Dabei wurde dann den Eltern Boll vorgestellt, daß sie den musikalischen Sohn nach der Konfirmation am liebsten nach Kopenhagen »in die Flötenlehre« geben sollten. »Ach Gott, doch nicht so weit weg«, jammerte die Mutter. »Er könnte ja vielleicht bei Vetter Marius wohnen«, überlegte der Vater.

»Wie will er sich denn durchschlagen mit seinen Spinnenfingern?« fragte der älteste Bruder, dem man die Anwesenheit gestattet hatte.

»Der Junge ist gewitzt genug. Der wird sein Quartier schon finden!« beruhigte der Lehrer.

So kam es, daß Heinrich sich an einem frischen Maimorgen mit Rucksack und Pastors Flöte aufmachte nach Kopenhagen. Er winkte zurück, und die Mutter weinte ihm nach. Sie beruhigte ihr sorgendes Herz, denn Heinrich ging nicht allein. Vor ihm her auf dem Trampelpfad über die Felder zum Knickweg lief sein musikalischer Genosse. Calli, der Rattenbeißer, war ihm als Mitgift für Schutz und Geselligkeit von der Familie überlassen worden. Zusammen würden sie sich mit ihren wunderlichen Tönen schon Wegzehrung und Nachtlager

»ersingen«. Vielleicht ahnte die Mutter in dieser Abschiedsstunde doch, daß sie ihren »Flöten-Heinrich« nie wiedersehen würde.

Nach einigen Stunden Fußmarsch sah Heinrich hoch oben auf einem Berg ein weißes Schloß thronen über einem weiten See. Das Schloß schien ihm so märchenhaft schön, so majestätisch, auch respekteinflößend. Er hätte es für ein Königsschloß gehalten, wenn er nicht aus der Schule gewußt hätte, daß in solcher Nähe, in Plön, kein König wohnte. Heinrich schnackte beim Mittagsbrot, das er mit seinem Hund teilte, mit Calli darüber. Er vermutete, das Kopenhagener Schloß für den richtigen König wäre mindestens zehnmal so groß wie dies hier. Aber konnte es prächtiger sein?

Naja, mit Dächern aus Gold vielleicht...

Die Strecke bis Preetz wurde den beiden zu lang. Calli schlich an Heinrichs Seite, trödelte sogar manchmal hinterher und schien gar keine Lust zu haben, noch ein Schloß zu suchen. So klopfte Heinrich am erstbesten Fachwerkhof an und erbat ein Nachtquartier für zwei: »Heute abend werden wir Euch dafür eins aufspielen.« Gelächter: »Ihr beide?«

Alle möglicherweise mit Spott durchsetzten Erwartungen wurden abends weit übertroffen. Heinrich intonierte gefühlvoll: »Am Brunnen vor dem Tore« – und sogleich fiel Calli stimmgewaltig ein. Der Brunnen schien hier ein munterer Bach, der durch lauter Lachen und Lebensfreude ringsum gluckerte und sprudelte.

Hei, lustig soll's werden, so spiel uns eins auf!

Als die beiden Musikanten am nächsten Morgen weiterzogen, frisch gewaschen unter der Hofpumpe, das Haar mit Wasser glatt gestriegelt (auch Calli mußte sich einen Scheitel gefallen lassen), hatten sie an den mitgegebenen Butterbroten, Eiern und Würsten fast zu viel zu schleppen.

Da ruhten sie schon in Preetz aus, auf einer Schnackbank am Markt, vor sich die mitgebrachten, rechtmäßig verdienten Herrlichkeiten. Heinrich meinte, der Fürst von Plön – oder was er denn war – könnte wirklich nicht besser tafeln als er, Heinrich im Glück.

Nach einer weiteren Nachtruhe in der Nähe von Raisdorf schienen Heinrich am nächsten Morgen die Beine so schwer. Am Himmel jagten sich die Wolken, flogen den Fetzen Blauhimmel davon, und ein kalter Maienwind pfiff ihnen eins. Dreimal huschte vor ihnen eine schwarze Katze über den Weg, so daß Calli jedesmal bellend bekanntgab, wer hier erschien.

Je näher sie der Stadt Kiel kamen, desto mulmiger krallten sich Unruhe-Gefühle in Heinrichs Bauch fest. Wie in aller Welt sollten sie das nächste große Manöver bewältigen?

Am Hafen fanden sie rund um die Fischhalle geschäftiges Treiben. Das schien günstig für ihre Vorbereitungen. Hier band er Calli am Brückengeländer fest, mochte der auch meutern, hier hatte er genug zu gucken. Dann sah Heinrich sich um nach der Roten Sophie, dem Frachtsegler, der ihn mitnehmen sollte nach Kopenhagen. Das hatte der Schullehrer, der kluge Mann, alles für Heinrichs Vater geordnet.

Oh, schöne Rote Sophie, wie mutig sie vom Bug über den Hafen blickte. Heinrich fror.

»Na, willst mit?«

Ja, seine Thaler für die Überfahrt hätte er um den Hals. Wann sie denn abführen?

»Wenn wir fertig sind.«

»Ja, aber wann ist das?«

»Du sollst nicht so viel fragen, Jung. In'n paar Tagen...!«

»Habt Ihr einen Hund mit?«

»Nee, sagt der Käppen.«

» Wenn ich...«

»Nu steh da man nicht länger rüm. Komm un faß mit an.«

»Bloß mein Gepäck. Bin gleich wieder da...«

Natürlich hatte Calli den Rucksack pflichtbewußt bewacht. Heinrich zog zwei Netze heraus und stopfte alle Siebensachen hinein. Dann gab er Calli genaue Instruktionen:

»Du kommst mit. Aber Du mußt in den Rucksack. Zugeschnürt, sonst seh'n sie Dich. Du darfst Dich nicht mucksen. Fertig.« Heinrich rückte umsichtig den Rucksack auf seinem Rücken zurecht und schleppte die beiden komischen Netze mit.

»Treppen runter!«

Unten in einem leeren Schapp ließ er Calli frei und schloß die Luke. »Bis heut abend. Mittagschlafen.«

Nach getaner Arbeit und gutem Essen machten sich die Leute landfein. »'N büschen schnacken...«

Danach konnte Heinrich seinen Calli erlösen und zauberte ein Wurstbrot aus der Hosentasche.

»Wart man ab!«

Am zweiten Abend holte Heinrich seine Flöte hervor.

»Was meint ihr dazu?«

Lustig ist das Matrosenleben -- »Hoi huuu«, sang Calli. Das machte Spaß! »Der Sänger kommt mit.«

»Wie kommt das Vieh an Bord?« schrie der Käppen drei Tage später auf hoher See.

»Abschlachten!« Dabei schielte der Käppen zu Heinrich hinüber, denn er hatte blitzschnell seine Reaktion erkannt.

Es schien zu genügen, daß Heinrichs Herz verzweifelt bange am Hals gehämmert hatte. Der Käppen vergaß seinen Befehl und guckte sogar schmunzelnd am Abend zur Mannschaft in die Kajüte hinein, als er Flötenspiel mit Gesang aus verschiedensten Kehlen vernahm. Da waren mal zwei seltsame Vögel an Bord geflattert. Einer der beiden hatte zumindest die Überfahrt bezahlt, und die Leute amüsierten sich; so mochte es hingehen.

»Wie du ihn an Land kriegst, ist deine Sache.«

Aber vorher hatten sie noch schlimme Zeiten durchzustehen.

Seit Tagen hatte ein scharfer Nordwest die Rote Sophie im Hafen dümpeln lassen. Sobald die Mannschaft zur zügigen Abfahrt noch im Schutz des Binnenhafens Segel setzte, fing sie an zu tanzen. Als sie vor Schilksee das offene Meer spürte, knickste sie tief vor dem Wind.

»Na, lütt Jung?«

Heinrich fühlte sich immer wieder beobachtet, was ihm so peinlich war. Ihm war elendig zumute, und er sehnte sich nach der Waagerechten in der Kajüte, wagte aber auch nicht abzusteigen, weil ihm schlecht werden könnte – nein, jämmerlich übel war. Da fliegt auch schon die Hühnersuppe vom Mittag über Bord.

»Ja, Heinrich, Neptun will Opfer!«

Es dunkelt. Wind und Seegang nehmen zu. Die Masten schwanken. Gleich werden sie brechen. Das Schiff ächzt und stöhnt. Heinrich kann sich kaum an Deck halten, aber Neptun verlangt ihm immer neue Opfer ab, und die Wellen spülen sie fort.

»Nee, lütt Jung, nu geiht dat nich mehr!«

Der lange Ohlsen schiebt Heinrich zur Kajüte und hinein. In all seinem Elend fängt Heinrich zu lachen an, daß ihm die Tränen über die kalten, erstarrten, stinkigen Backen rennen. Denn da tanzt Calli und weiß sich vor Freude kaum zu lassen: Heinrich, mein Heinrich! Ich bin hier so bange ohne dich! Der Wind fegt plötzlich durch die geöffnete Falltür und schlägt sie sofort wieder zu. Der lange Ohlsen stellt Heinrich einen Eimer zwischen die Beine.

»Klemm ihn fest!«

Hier unten ist es jedenfalls trocken. Aber die Rote Sophie schlägt hart von einer Seite zur andern. Heinrich friert und fühlt sich sterbenskrank.

Immer wieder hustet er in den Eimer.

Doch er fühlt Callis Schnauze – an seinen Händen, mit breitem Lecker über die Backen ein zitterndes, wärmendes Bündel schmiegt sich eng an ihn: Du bist mein Herrchen! Sei stark! Du wirst helfen, und ich bin bei dir.

Da zieht Heinrich seinen Hundefreund auf die Knie, vergräbt den Kopf und viele Tränen in struppigem Fell, umschlingt ihn immer enger und schläft darüber ein.

Die Rote Sophie schubst ihn beim Tanz hin und her, stößt seinen schmerzenden Körper gegen die Wand, tritt ihm auf die Füße, lacht ihn höhnisch aus.

Er weiß, er kann ja nicht tanzen.

Aber sie wärmt auch, die schöne Rote Sophie.

Morgens findet Heinrich sich lang ausgestreckt in seiner Koje wieder. In seinem Arm kuschelt sich Calli. Der lange Ohlsen hat die beiden zu Bett gebracht.

Doch es müssen auch noch andere Wege in Betracht gezogen werden, wie Heinrich Boll nach Kopenhagen gekommen sein könnte.

Dem enttäuschten Leser, der meint, nur auf phantastischen Wellenkämmen mitgeschwommen zu sein, sei hier versichert, daß solche Seereise von Kiel nach Kopenhagen einem späteren Familienmitglied zugedacht war. Heinrichs Enkelin, Henriette Boll, schiffte sich 1919 im Kieler Hafen ein, litt bei der Überfahrt nach Kopenhagen fürchterlich unter Sturm und Seekrankheit und blieb vielleicht deswegen fünf Jahre lang, zunächst bei den Verwandten, dann in verschiedenen Familien als »Kinderfräulein« tätig, weil ihr vor der Rückfahrt graute, von Kopenhagen nach Kiel mit dem Kieler Dampfer.

Lassen wir den singenden Heinrich wieder von Kindheit an querflöten. Den Eltern war nicht bange um die Zukunft eines Sohnes, der ein »ordentliches Handwerk« erlernte. Aber dieser Flöten-Hein mit den Frauen-Fingern ging in ihren frommen Augen querbeet und lief den Vergnügungen und Versuchungen entgegen.

Hein Bolls wahres Leben begann am Sonnabend. In der Woche schlug er sich mit Gelegenheitsarbeiten durch und übte auf der Flöte nach Feierabend. Sonnabends aber, da bügelte die Mutter das feine Zeug noch mal eben über, und Hein wusch sich so gründlich, daß es schon meist komisch schien. Jeden Sonnabend verlangte er warmes Wasser, und dann hantierte er mit dem großen Bottich auf der Tenne herum und wurde rein »fühnsch«, wenn die Brüder ihn ärgerten ob seines sonderbaren Gebarens: »Warmes Wasser so'n Luxus für den Fleutenprinz!«

Endlich erschien Hein Boll »mit de Fleut« geschniegelt, gebügelt und mütterlich frisch ermahnt in einem der umliegenden Dörfer, in Kletkamp, Kirchnüchel oder Kükelühn im Krug und ging direkt in den Saal.

»Kipp man erstmal einen hinter die Binde, Hein!« rief der Wirt aus der Schankstube.

»Der Alkohol ist der Musiker Teufel!« So hatte die Mutter den Bösen mit dem Klumpfuß immer wieder vorgestellt, »der hat immer den Schnaps in der Krone sitzen.«

Hein Boll beließ es also gern bei Butterbrot und Saft. Naja, auch mal 'n Bier wie die andern beiden von seiner Kapelle, Schümann mit der Geige und Schreiber mit der Quetsche, und trommeln konnte er auch. Ja, 'n Bier brauchte man ab und zu bei den »Aufforderungen zum Tanz.« Da wurde viel gequalmt und geschwitzt. Auch gegröhlt und mit der Faust zugelangt. Nach zwei Stunden hörte kaum einer noch auf die Musik. Dann war die Trommel wichtig, die den Rhythmus in die Ohren donnerte, daß die Holzschuh von selber in Kreisen stampften: »Hein Boll is uns' Speelmann, he pust, wat he kann.« Da war die Stimmung im Saal oder auf der Tenne warm und gemütlich.

Eines schönen Sonnabends saßen zwei Fremde im Saal, die sich besonders für die Musiker zu interessieren schienen. Man kam ins Gespräch.

»Der Dänenkönig braucht Männer. Soldaten. Euch braucht er besonders. Musiker. Elite vom Militär.

Menschenkinners, kommt doch mit nach Kopenhagen. Dann seid ihr fein raus mit Uniform und Sold und so. Das ist 'n anderes Leben!«

Ja, das mußte Hein Boll erstmal zu Hause beschnacken.

Dort fegte er alle die Wenns und die Abers glatt vom Tisch: »Musiker bin ich nun mal, und ich geh nach Kopenhagen, auch zu Fuß.«

Aus der Gegend hatten sich nach zwei Wochen zehn Mann gemeldet, die alle später in den Briefen von Hein Boll erwähnt werden: Rübner, Steffens, Schümann, Schreiber, Liebetrau, Wiese, Scheel, Gehrke und Bott. Die Reise durfte nicht viel kosten. Da machten sie sich mit ihrem Anmusterungsschein in der Tasche auf den langen Weg zum König nach Kopenhagen auf Schusters Rappen.

Über Kiel hinaus wanderten sie nach Gettorf, Eckernförde, Schleswig, immer weiter nach Norden.

Wir wollen nicht annehmen, daß die unternehmungslustigen Leute von Raub in den Mund lebten, daß sie die Mettwürste von den Türen oder Wirtshäusern angelten und Gänse und Lämmer einfingen für das Lagerfeuer am Abend. Wenn drei

Musikanten mitwanderten, dann konnten sie Abendbrot und Nachtquartier zusammenflöten und -fiedeln. Das mußte auch für die anderen reichen.

Zurück blieben einige geschröpfte Bauern. Aber hübsche, junge Mädchenaugen blickten dem lustigen Volk oft voller Tränenglanz nach, fühlten ihre Lippen brennen und waren in den nächsten Wochen »rein gar nicht zu gebrauchen«.

Doch je nördlicher sie kamen, desto geringer ließen sich Freuden dieser Art finden. Fleuten und fiedeln, das konnten sie, gewiß, aber wenn sie ein Mädchen um die schlanke Taille fassen und zum Tanz schwingen wollten, dann erhielten sie in der Apenrader und Haderslebener Gegend oft den Bescheid: *»Æ snakker it tysk«* (*»Ich spreche nicht deutsch«*), und nördlich von Fredericia hieß es: *»Jeg taler kun dansk«* (*»Ich spreche nur dänisch«*).

Da bequemten sich die zehn lustigen Gesellen, schon unterwegs allerhand dänisch »aufzusammeln« und es zur Unterhaltung beim Wandern zu üben. Am schnellsten lernten sie den Satz: *»Søde pige, jeg elsker dig«* (*»Süßes Mädchen, ich liebe Dich«*).

Bisher hatte ihnen die Musik immer die Türen und Herzen geöffnet. Jetzt merkten die Musikanten aber, daß sie bestimmte Melodien lieber im Violinenkasten lassen sollten. Mit »Schleswig-Holstein meerumschlungen« hatte es verschiedentlich Ärger gegeben. So hielten sie sich in der Folgezeit mehr an Walzer, Polka und »Herr Pastor sin Koh«. Mit Plattdeutsch kam man weit.

Als der Trupp endlich alle Überfahrten finanziert und die Inselüberquerungen geschafft hatte, sprachen die jungen Leute ein merkwürdiges Kauderwelsch aus Plattdeutsch und verschiedenen dänischen Dialekten. Doch gaben sie wegen dieser Sprachkenntnisse bei ihrem Eintritt in das dänische Heer zu den größten Hoffnungen Anlaß.

Warum sollte Heinrich Boll eigentlich ein Bauernsohn, eines Hufners Kind gewesen sein?

Lassen wir ihm eine Geburtsurkunde zukommen aus dem Geburts- und Taufregister der Kirchengemeinde Lütjenburg. Dort könnte vermerkt sein, daß Heinrich Boll am 5.1.1829 in Lütjenburg geboren wurde als Sohn des Goldschmieds Johann Christian Friedrich Boll und seiner Ehefrau Ann Maria Friederika, geb. Siemsen.

Der kleine Johann Heinrich war des Hauses Stolz und Erbe, denn er hatte nur eine um neun Jahre jüngere Schwester Carolina Maria Luise.

Selbstverständlich sollte Johann Heinrich das anspruchsvolle Handwerk seines Vaters erlernen und das alteingesessene Geschäft übernehmen.

»Wenn du groß bist, mein Sohn, wirst du Goldschmied wie ich, und du erbst viel und kaufst noch viel mehr dazu.«

»Wenn ich groß bin, Vater, will ich Postkutscher werden. Dann blas ich mein Posthorn auf dem Lütjenburger Marktplatz, und alle Leute und auch die Pferde freuen sich." Johann Heinrichs Familie wohnte am Markt, und der Junge beobachtete täglich den Pferdewechsel und hörte voller Bewunderung den Postillion blasen. Es zeigte sich schon früh seine Musikalität, die Beachtung fand beim Schulmeister und bei den Eltern, die für Unterricht sorgten und schon bald eine billige Übungsflöte eintauschten gegen ein Instrument aus Silber. Dabei hielt der Vater ihn an: »Du hast geschickte Hände, mein Sohn, die empfindsamen Finger eines Goldschmieds. Flöten kannst du nebenher.«

»Ich will Postillion oder Musikant werden.«

In Lütjenburg erwartete Johann Heinrich eine gesicherte Zukunft in angesehener Position. Das warme Nest schien für alle Zeiten bereitet.

»Du brauchst nicht auf Wanderschaft, mein Sohn. Bei meinen Freunden in Plön und Preetz wirst du ausgebildet, und hier zu Hause kannst du dein handwerkliches Können vervollkommnen.«

»Aber ich will in die Welt hinaus.«

Schon früh brachen Meinungsverschiedenheiten auf zwischen Vater und Sohn. Sie kreisten um das zentrale Problem, wuchsen sich aus zu einem einzigen großen Konflikt, der die Kindheit und in weit stärkerem Maße die Jugend des Johann Heinrich überschattete.

Der Vater, ein angesehener Bürger der Stadt, von edlem Handwerk und Ratsherr zugleich, selbstsicher und autoritär, war gewohnt, daß sich seine Bürgerwelt – Kleinbürgerwelt – nach ihm und seinen Worten richtete. Er stellte für die Einwohner Lütjenburgs eine Vaterfigur dar, vorbildhaft, rechtschaffen, fromm und bieder, und da setzte ihm ausgerechnet sein einziger Sohn, sein hoffnungsvoller Johann Heinrich, den eigenen Willen entgegen. Ihm schien es, als ob sein Sohn tagein, tagaus irgendwo im weitläufigen Haus mit der vermaledeiten Flöte hantierte, auf seinen Nervensträngen mit Flötentönen rauf- und runtergaloppierte, ja, ihm selbst, dem Goldschmied Johann Christian Friedrich Boll, eins pfiff.

»Mein Sohn, wie oft muß ich dir noch sagen: Musik und Malerei sind brotlose Künste. Das hat sogar manches Genie einsehen müssen, und zu denen zählst du wahrhaftig nicht. Lerne dein Handwerk und nähre dich redlich! Sieh dich um in der Werkstatt deines Vaters und laß dich sehen im Geschäft. Zeige dich jetzt schon freundlich gegenüber deiner späteren Kundschaft.«

Der Vater mochte bei solcher Gelegenheit meinen, daß er verständnisvoll auf seinen Jungen eingeredet, ihm wirklich seine besten Absichten erklärt hatte. Für gewöhnlich hieß es barsch: »Du hast doch die Ladenglocke gehört! Nichtsnutziger Bengel! Runter mit dir ins Geschäft! Flitz!«

Oder auf Plattdeutsch, wobei er den Spruch nach seinem Geschmack etwas abwandelte: »Tüffeldeerns und Fleutenjungs döcht nix.«

Da nimmt es nicht wunder, wenn sich Johann Heinrichs Widerstand gegen den Vater verhärtete und sich manifestierte in seinem Flötenspiel. Am liebsten zog er sich in die Dachkammer zurück, wo ihn der Vater nicht so schnell erreichen konnte. Von dort überblickte er zur einen Seite den Marktplatz mit den braven Häuserfronten, die sich einzuhaken schienen, sich jedenfalls nachbarlich unter die Arme griffen mit kleinen Seitentürchen zu den Zwischengängen, mit den versteckten Hintertüren für Familie und Dienstboten. Mit seinen Flötenweisen malte Johann Heinrich die kleinstädtische Idylle nach, die er auch liebte, zum Beispiel mit dem »Ännchen von Tharau« – aber dann folgten Variationen, die sich über den biederen Marktplatz hinaushoben, sich aufschwangen zu den wandernden Wolken hoch über ihm. Mit solchen jubelnden Flötentönen fühlte sich der Junge auch zur anderen Seite des Dachdomizils hingezogen. Dort thronte auf freiem Platz die Lütjenburger Stadtkirche. Wenn sich Johann Heinrichs Flötentöne mit dem schweren Glockengeläut mischten, darin unterzugehen drohten, schien es ihm doch, als spiele er Gott wohlgefällige Melodien, die auf den Glockenschlägen zum Himmel getragen würden. Es wuchs die Sicherheit dem Vater gegenüber, es steigerte sich sein musikalisches Können und ließ ihn in seinem Entschluß reifen: Er wollte Musiker werden und sonst nichts.

Als er sich mit achtzehn Jahren in sein großes Abenteuer, auf die Fahrt nach Kopenhagen, begab, mit der Postkutsche, angemessenem Proviant, Zehrgeld und einem Flechtkoffer »mit allem Nöthigen«, versteht sich, ließ er beide Eltern, auch den Vater rechtschaffen traurig und unglücklich zurück. Er hatte jedenfalls alles getan, um den Sohn in eine gute, gesicherte Bürgerwelt einzugliedern. Er brauchte sich keine Vorwürfe zu machen. Aber man sah ihn mit wundem Herzen von dannen ziehen.

»Behüte dich Gott, Johann Heinrich.«

Wenn Johann Heinrich in Kopenhagen als Musiker in Militärdienste eintrat, dann hauptsächlich deswegen, um sich von den väterlichen Zuwendungen unabhängig zu machen. Er wollte beweisen, daß er frei war in seinen Entschlüssen, frei von »Rath, Hab und Gut« der Eltern.

Daß der liebe Gott in Kriegszeiten die ihm anvertrauten Söhne nicht immer behüten kann, ja, manchmal einfach beschämt wegblicken muß für längere Zeit, das war dem armen Johann Heinrich nicht bewußt.

Aber wer rechnet schon mit Krieg?

Jetzt wäre ein Zusammentreffen von Heine Boll, wie er in den dänischen Diensten genannt wurde, mit Frøken Caroline Wegener zu arrangieren. Etwa so:

Nach dem täglichen Marsch- und Musizierdienst begibt sich Heine Boll in die Wohnung des Musikdirektors Carl Wegener, zwecks privater Unterweisung in der Kompositionslehre. Er hat sich für dieses erste Zusammentreffen angemeldet. Der Hausherr empfängt ihn an der Haustür.

Im Wohnzimmer beugt sich die Tochter des Hauses, Caroline, über eine Stickarbeit. Sie trägt ein lindgrünes Kleid, das den rötlichen Schimmer in ihrem Blondhaar gut zur Geltung bringt. Der junge Musikant in Uniform verbeugt sich. Caroline neigt anmutig das Köpfchen und hätte jetzt die Blicke noch tiefer über den Stickrahmen senken, am liebsten zart erröten müssen. Das wäre schicklich gewesen. Stattdessen strahlt sie den hübschen Burschen an mit freimütigem Lächeln aus Blauaugen und mit einem neckischen, nur linksseitigen Grübchen, das ihrem Gesicht den Anflug von Verschmitztheit gibt.

Der Soldat verbeugt sich ein zweites Mal und folgt dann dem Hausherrn ins Studierzimmer, besser ins Musizierzimmer. Caroline stickt weiter mit Akkorden.

Nach ausreichenden Exerzitien empfiehlt sich der Fremde und geht.

Wenige Minuten später scheppert wieder der Türklopfer an der Außentür, und als der Herr Musikdirektor persönlich öffnet, überrascht ihn sein Schüler mit zwei Haselstrauchreislein in der Hand: »Der gestrige Februarsturm wird sie abgeschlagen haben. Es wäre schade, wenn da zertreten wird, was Hoffnung und Frühlingserwachen verheißen kann. Das junge Frøken wird eine geeignete Vase finden.«

Solche Fürsorge rührt Carolines Herz; möglicherweise hat sie das Frühlingserwachen auch anders verstanden. Jedenfalls erkennt sie, wie die noch hart verschlossenen Haselkätzchen in Lindgrün bis Lila hübsch zu ihrem Kleid passen, und beim Anordnen im kleinen Glas streifen ihre Lippen darüber.

Wer nun annimmt, daß Amor schon seinen Pfeil abgeschossen hat, liegt falsch.

Alle Pfeile bleiben bisher stecken in dicken Barrieren aus Sprachenwirrwarr. Caroline spricht nur dänisch, Heine Bolls Dänisch ist so kümmerlich, daß es dem Frøken zwar oft ein

Kichern entlockt, aber andere Gefühle verdrängt.

Das Verbindende finden die beiden in der Musik, unter des Musikdirektors Regie.

Ihm war eingefallen, daß sich ein Trio zusammenstellen ließe mit seiner Tochter am Klavier, dem Soldaten mit der Flöte und ihm selbt mit dem Geigenpart. So treffen sich die drei in den Netzen schöner Klänge. Musik braucht keine Sprache.

Und Töne, besonders die reinen Glockentöne der Flöte, jubeln sich direkt ins Herz. Nach einem barocken Adagio blickt Caroline von ihren Klaviernoten bewundernd zu dem jungen Musikanten hinüber, ja, sie strahlt ihn an, was den Herrn Musikdirektor mit geringem Neid erfüllt, meint er doch, den langsamen Satz diesmal virtuos gemeistert zu haben. Da stiehlt ihm die Jugend die anerkennenden Blicke seiner Tochter, die bisher ihm gegolten hatten, vor der Nase weg. Aber der junge Mann bläst sauber und mit herrlichem Flötenschmelz, das gesteht auch Carl Wegener ihm zu, und sieht es nicht ungern, wenn die beiden jungen Leute Blicke tauschen.

Als die Haselkätzchen stäubend im Frühlingswind schwingen, trägt Caroline das kleidsame Lindgrüne schon ohne Cape durch die Kopenhagener Parks und läßt sich von Heine Boll geleiten.

»I April sein so herrlik sjöne Wetter!« Caroline hat sich brav bemüht um die schwierige deutsche Sprache.

Heine bestätigt das mit einem hübschen Kompliment:

»Ein einzig schöner Frühling mit dir, Line!« – natürlich auf deutsch. Dann entwirft er Zukunftsperspektiven.

Bald werden sie heiraten. Sein Sold wird schon ausreichen. Line, sein Täubchen, soll mit dem Häubchen den häuslichen Herd umflattern. Ihr Deutsch ist doch schon passabel. Das wird sich schnell weiter bessern, wenn sie ihr gemeinsames Nest gebaut haben.

Von einem Klavier für Line kann natürlich am Anfang nicht die Rede sein, und auch von seiner Vervollkommnung in der dänischen Sprache wird nicht weiter gesprochen. Er übt sich im Dienst auf dänisch, das mag genügen. Zu Hause möchte er es deutsch-vertraut, traurig genug, daß er auf sein heimatliches

Platt verzichten muß, aber das braucht Line nicht zu lernen. Das sei ohnehin schwierig für sie.

Die eigenen vier Wände lassen sich finden in der Rosengade 10. Heine trägt seine blonde Braut mit dem wehenden weißen Schleier, der zu blühen scheint wie Weißdorn und Schlehen in den Parks, über die Schwelle und die Treppe hoch. Jung ist er und stark und übermütig und glücklich, denn er hat sich den Frühling ins Haus geholt.

Caroline fängt die Sonne ein. Sie trällert und singt bei jeder Arbeit. Das erfreut Heines Herz, auch wenn es nur dänische Lieder sind.

*»Min søde lille skat, min lütt Deern, dat du min Leevsten büst.«**

Bei so viel Liebe kann Line das Klavier verschmerzen. Zudem wohnen die Eltern nicht weit, und das Üben läßt sich gut mit einem Besuch verbinden. Zu dritt halten sie als Trio und als Hausmusikkreis zusammen, bis – ja, mit einem Baby läßt sich das schon schwieriger bewerkstelligen. Der kleine Calli, so wurde der süße Sohn nicht nach Heines Hund, sondern nach dem Musikdirektor Carl genannt – aber wer weiß – beansprucht viel Zeit, und die muß an den Klavierstunden eingespart werden.

Im Laufe des Winters drängen sich Caroline Einsichten auf. Die viele Babywäsche, das Rubbeln, Spülen, besonders das Aufhängen draußen lassen ihre Hände schwellen, rauh und rissig werden. Für ein Hausmädchen oder jedenfalls eine Waschfrau reicht der Sold nicht aus. Ein *Spillemand***, was ist das schon?

Da zieht Caroline still für sich die Konsequenz: Sie gibt das Klavierspiel und damit auch ihren Part im Trio auf.

Man findet bald Ersatz.

Nach der Geburt des zweiten Kindes, der Tochter Henriette, weiß Caroline, daß sie alle musikalische Betätigung auf unbestimmte Zeit verschieben muß. Die lieben Kinder sind schließlich das Wichtigste.

* *Min søde lille skat* = *Mein süßer lieber Schatz* (Dänisch); *min lütt Deern, dat du min Leevsten büst* = *mein kleines Mädchen, daß du mein Liebstes bist* (Platt-Deutsch).
** Dänisch: *Musikant*

Mit der Beförderung ihres Mannes zum *Overspillemand** zieht etwas Wohlstand in die kleine Wohnung. Caroline braucht die Skillinge ihres Haushaltsgeldes nicht mehr einzeln umzudrehen. An ein eigenes Klavier ist natürlich gar nicht zu denken – jetzt nicht – und ihr Leben lang nicht.

Mit dem Jahr 1864 bricht der Krieg aus. Heine Boll gehört zum dänischen Heer und wird mit dem Schiff nach Süden verfrachtet.

Er soll zum Marsch in den Tod aufspielen, zum Kampf gegen die Preußen. Das muß Caroline akzeptieren, wenn auch schweren Herzens.

*

Die Liebesromanze zwischen Caroline Wegener und Johann Heinrich Boll liegt uns bis heute schriftlich vor. Zwischen den alten Briefen von 1863/64 fand sich ein Zettelchen, acht mal zehn Zentimeter groß, auf dem *Oldefar*** den ersten Anblick seiner »Theuersten« verzeichnet, die zarte Anbahnung von Beziehungen, Enttäuschung und Hoffnung an schicksalhaften Tagen zusammenfaßt und nach einem Jahr der Bekanntschaft mit dem krönenden Höhepunkt endet, mit dem ersten Kuß, dem er einige bedeutungssvolle Gedankenstriche folgen läßt.

Verzeih mir, *Oldefar*, wenn ich Deinen Bericht einer Leidenschaft hier wörtlich übernehme. Mir würde man in unserer Zeit so eine langsame Entwicklung der Beziehungen zwischen zwei jungen verliebten Menschen, wo schon in einem Händedruck Wonnen des Glücks eingefangen sind, nicht abnehmen. Dir wird man glauben und auch zwischen den spärlichen Zeilen zu lesen verstehen.

Hier der vielleicht kürzeste Liebesroman des 19. Jahrhunderts im Wortlaut:

* Hoch-Dänisch: *Militärmusiker* (Dienstrang eines Oberfeldwebels)
** Dänisch: *Urgroßvater*

1856
Im August zum ersten Mal gesehen.
November, 19., mit C. Wegener zuerst getanzt

1857
Januar, 3., zuerst die Hand gegeben
Februar, 10., zu Scheel begleitet
März, 11., zum andern mal mit ihr (zusammengetroffen)
März, 15.- 18., Unglückstage, den 18. Brief geschrieben
März, 19., (Erklärung, Hoffnung) bei Scheel
April, Mai, Juni, Juli zusammen geredet
August, September fortgesetzt
August, 11., ihr die Hand gedrückt
September, 11., nach Alhambra mit Bruder
September, 20., am Morgen springend auf die Welt, in ihre Wohnung
September, 22., abends erster Kuß - - -

1856
1857

Caroline Wegener in Kopenhagen

Rosengade 10 in Kopenhagen

Die *Rosengade* (Rosenstraße) findet sich in Kopenhagens Zentrum in einem alten Stadtteil mit wunderschöner Umgebung. *Østre Anlæg* (Anlagen im Osten), *Botanisk Have* (Botanischer Garten) und vor allem *Rosenborg Slot* (das Rosenborg Schloß) mit Rosenborg Garten sind in wenigen Minuten zu Fuß zu erreichen. Sie bilden einen grünen, schmückenden Saum um das alte Stadtviertel. In anderer Richtung, nach Nordwesten zu, spaziert man durch die *Kronprinsessegade* (Kronprinzessinstraße) und die *Store Kongensgade* (Große Königsstraße) und erreicht so das Kastell mit der Zitadelle. Hier läßt sich die Begründung finden, warum die Bolls in zentraler Lage, umgeben von königlichen Namen, so angenehm wohnten.

Die Rosengade gehörte mit der benachbarten *Fredegade* (Friedensstraße), der *Skt. Paulsgade*, der *Haregade* (Hasenstraße) und vielen anderen dieses Viertels zum militärischen Distrikt der Stadt. Hier lagen die Wohnungen für Offiziere, Unteroffiziere und eben auch für die Militärmusiker, die das Exerzieren der königlichen Truppen des öfteren mit schwungvollem Trara begleiten mußten. Wenn die Familien in der Nähe wohnten und die Dienstwohnungen schnell zu erreichen waren, dann hatte der König seine Schutztruppen um sich, in Notzeiten, aber auch zu festlichen Anlässen, wenn den Soldaten Paraden abverlangt wurden, Parademärsche mit Marschmusik.

So kommt es auch, daß die alten Straßen sich bis heute mit schönen Altbauten präsentieren, ohne daß ein einziger fremder Neuzeithahn aus einem Betonklotz dazwischenkräht. Der König hat für sein Heer gesorgt, jedenfalls Sorge dafür getra-

gen, daß über angemessene Instandhaltung der Militärwohnungen von entsprechendem Personal gewacht wurde. Alle Häuser sind mit etwas Mauerschmuck versehen, mit Scheingiebeln inmitten der Hausfassaden oder mit kreisrunden Mauerzirkeln, die ein wenig an die Mündungen von Kanonenrohren erinnern. Die Häuser sollten dem König und seinen dienstbaren Untertanen gefallen, gehörten möglicherweise auch zur weitgesteckten Repräsentation. Dafür mußten sie vorzeigbar, also in Fug und Stand, in Ordnung sein.

Aus den durch Jahrhunderte hindurch gut gepflegten Gebäuden sind heute Wohnungen für Alte und Behinderte geworden, die von der zentralen Lage und den rekreativen Gebieten der Umgebung profitieren.

Das alte Haus *Rosengade* 10 lädt ein. Herausgeputzt hat es sich in Rosenrosa wie alle seine Nachbarn in der *Rosengade*. Nummer 10 winkt von weitem, schiebt sich ein klein wenig vor, lächelt breit, leutselig, mütterlich und verständnisvoll. Eine alte Matrone, behäbig; sie weiß viel, hat immer beschützt und geholfen, verschwiegen getröstet in ihren vier Wänden, gewärmt und auch himmelhochjauchzendes Soldatenglück aufgefangen.

Als eine Urenkelin aus einer ihrer vielen, vielen Familien vor ihrer Haustür auftaucht, da erkennt die würdige alte Dame sie sofort. Sie hat ein bewundernswertes Gedächtnis. Aber klar – *selvfølgelig* – soll sie hereinkommen, soll doch nicht draußen im Regen unter der Laterne stehen. Das liebe Familienmitglied hat sich sicherlich schon genügend umgesehen, hat das vielfarbige Kopfsteinpflaster bewundert und die hübschen jungen Bäumchen in ihren Baumscheiben. Ja, die müssen alle Jahrhundert mal erneuert werden. Die Jungen lassen ihrem Mauerwerk mehr Licht und Luft zukommen, eine Wohltat für gichtisches Alter.

Nur hereinspaziert ins geräumige Treppenhaus! Ja, die Bolls, eine glückliche Familie mit zwei lieben Kindern, sehr brav und wohlerzogen. Wie die Eltern streifte der Sohn Calli immer die Holzschuh an der Haustür ab und sprang auf den Selbstgestrickten nach oben. Ganz oben wohnten sie, im höchsten Stockwerk, 2. Etage links. Weil sie so viele Treppen steigen mußten, überließ sie ihnen zwei zusätzliche Dachkammern mit den Giebelnasen und der schönen Aussicht. Hier hat der Herr *Overspillemand* stets geübt, ach, das war eine Freude. Nur die Spatzen haben dazwischengekrächzt und fielen ihr auf die Nerven. Spatzen gab es damals viel mehr als heute, bei all den Pferdeäpfeln.

Die kleine junge Frau, die Line Boll, die kam ja aus gutem Hause. Aber nie hat sie geklagt, daß sie sich kein Dienstmädchen leisten konnte. Ihre Wäsche hat sie im Sommer immer draußen auf dem Hofplatz am Brunnen gespült, und gesungen hat sie dabei. Im Winter hat ihr Heine morgens vorm Dienst immer ein paar Wassereimer und Feuerungskübel in den 2. Stock geschleppt. Er war so aufmerksam, der Herr *Overspillemand*.

Line freute sich über die drei Südfenster. Andere Soldatenfrauen zogen bei Sonne immer gleich vor, damit die Möbel nicht verblichen, der teure grüne Plüsch. Aber Line mochte es gern hell und sonnig, mit geöffneten Fenstern. Heine hatte Holzgitterwerk gebaut, das die Fenster zur Hälfte ausfüllte und die Kinder zurückhielt. Na, das Henriettchen war ja noch zu klein, aber so lieb und süß mit den dichten blonden Locken.

Ach, die armen Kleinen, sie verloren ja so früh den Vater. Hart und grausam war das Soldatenleben. Wie hat sie geweint, die Line. Schier verzweifelt ist sie. Das junge Ding, ganz in Schwarz, in Kleidern der Mutter, und so blaß in allem Elend des Alleinseins nach dem kurzen Eheglück. Nach vier Wochen wurde ihr schon gekündigt. Gewiß, der Mann fiel auf dem Felde der Ehre, weit, weit weg, an den südlichen Grenzen des Reiches soll es gewesen sein. Aber das nützte gar nichts. Hier mußte sie räumen. Da konnte ich mich gar nicht einschalten, auch wenn sie mir noch so sehr ans Herz gewachsen war. Befehl ist Befehl! Das weiß ich auch.

Sie ist dann bald ausgezogen, die gute Line, mit ihren beiden Kindern ging sie in die Fremde. Ich ahne nicht, wohin. Sie zog jedenfalls ins Ausland, die Ärmste.

Ihre Eltern kamen mit dem Dienstmädchen und halfen beim Packen. Sie schleppten große Flechtkoffer an und schichteten alles Hab und Gut ein. Alles wurde naß von all den Tränen. Immer wieder schlossen die gramgebeugten Eltern von Line ihre kleinen süßen Enkelkinder in die Arme und Line natürlich auch, und alle haben geweint, daß mir mein altes Hausherz brach. Sie nahmen ein Stück meiner Seele mit in die unbekannte Ferne. Da hab ich sie dann manchmal trösten können und ihnen die vertrauten Bilder gezeigt von früher, als sie zu viert glücklich waren.

Beim Abschied fiel doch der Herr Musikdirektor, Lines Vater, fast mit einem Flechtkorb die Treppen hinunter. Hat vor lauter Tränen nicht richtig gucken können, der alte Herr. Aber das muß ich sagen: Es war mir eine große Freude, die Urenkelin von den Bolls hier begrüßen und herumführen zu können. Sing mir doch zum Schluß mal ein Lied. Das mochte ich an den Bolls so gern.

Liebe Urgroßmutter Caroline

Deine Grabplatte auf dem Lütjenburger Friedhof zersprang im letzten Jahr. Soll ich sie entfernen lassen, weil Dich doch keiner mehr kennt? Vielleicht bin ich die Letzte, die von Dir hörte als der Märchengroßmutter, die in ihren Erzählungen inmitten der siebenköpfigen Schar ihrer Enkelkinder den dänischen Akzent nie verleugnen konnte.

Darf ich ein wenig mehr ausplaudern aus Deinem Leben, darf ich mir Gedanken machen über Deine Fürsorge um Mann und Kinder aus Deinen Briefen heraus? Magst Du noch hören aus Deinen jungen Jahren, die Dir mit dem Kriegsgeschehen 1864 so viel Leid ins Haus nach Kopenhagen trugen und Dir harte Entschlüsse abverlangten, diktiert von der ausweglosen finanziellen Situation einer jungen Kriegerwitwe?

Dich stört diese Bezeichnung? Ist Dir der Dienstgrad Deines Mannes wichtig, der *Overspillemand?* Oder eher der musikalische Sektor daran, das Talent des Berufsmusikers? Denn erst als Dein Sohn in Dir fremdem Land, im holsteinischen Lütjenburg, mit sieben Jahren begann, auf der Querflöte seines Vaters mit zu kurzen Fingerchen das erste »Hänschen klein« zu blasen, weiteten sich die engen Wände, mit denen Trauer und Heimweh Dich eingegrenzt hatten. Du erlebtest die Macht der Töne, wenn ein kleines Lied zu lösen vermochte, was in Schmerz verkrustet war. In der Übungsfreude Deines Sohnes entdecktest Du Herzensgrüße in Musik von Deinem toten Mann.

Fünf Jahre später, so meinst Du, habe nur Dein Sohn, Dein Carl, Dich mit seinem Flötenspiel über den Tod Deines zweiten Kindes hinwegretten können. Damals war Deine kleine Henriette die steile Treppe hinuntergestüzt, als sie mit dem vergessenen Pausenbrot zurück zur Schule jachtern wollte! Tödlich verunglückt, fast ein Todesstoß für Dich.

Übrigens schien mir als Kind die steile, schwarze Treppe mit den schmalen, schiefen Stufen lebendig zu sein. Sie wußte an bestimmten Stellen Töne zu knurren, knarrte, ächzte, stöhnte besonders in der Kurve mir böse zu: »Ich mag dich – ich fang dich«, und dabei legte sie die Messingschienen tückisch als Fußangeln aus. Sie lachte höhnisch, wenn ich als sportliches Mädchen nach dem glatten, schwarzen Geländer tastete: »Na, Oma, bist du bange, bange vor meiner magischen Macht?« Ich konnte ihr nicht, zwei Stufen überspringend, davonlaufen, denn sie hakte bei jeder Ungeschicklichkeit ein. Sie zwang auch ein Kind zu vorsichtigem, würdevollem Hinabschreiten und krächzte dazu: Hen-ri-et-te!

Im unteren Flur spielte Dein Sohn Carl die Flöte, von dort klang es gedämpft zu Dir hinauf, klang wie ein himmlisches Tedeum, wie eine Messe für Dein Engelchen Henriette.

Im unteren Flur spielte mein Großvater Carl seinen Enkeln auf, daß sie am Sonntagmorgen die schwarze Treppe kontrolliert überwanden und nicht den Frühstücksdüften entgegenhuschten.

Dein Sohn Carl hat Deine Briefe von 1864 und die Deines Heinrichs ehrerbietig in der Familienbibel aufbewahrt, und ich bewundere Deine zierlichen, ebenmäßigen, gotischen Buchstaben, mit denen Du dänische und deutsche Briefe an Deinen Mann vor den Düppeler Schanzen richtetest, nur die Namen hobst Du mit gravitätisch lateinischen Buchstaben heraus. Du schließt Deine Briefe ab mit dem: »*Lev nu vel, min Elskede Heinrich, Himlen Velsigne Dig og lindre Dine Smerter. Vær hilset især fra Din Hengivne Kone Caroline Boll*«* oder auf deutsch in einem früheren Brief: »Gott halte sein Hand über Dich und behüte Dich! So oft, wie Du kannst, schreibe ein Paar Wörter. Es grüßt und küßt Dich Dein Dich innig liebendes Caroline«.

Wie mich heute Deine kleinen Fehler im deutschen anrühren, liebe Urgroßmutter Caroline. Du fühltest Dich zu Hause in der dänischen Sprache und in Deiner dänischen Umwelt und mußtest im Herbst 1864 in ein unsicheres Schicksal im deutschsprachigen Holstein eintauchen. Die Eingewöhnung wird Dir schwergefallen sein.

* Hoch-Dänisch: »*Laß Dir's gutgehen, mein geliebter Heinrich, der Himmel segne Dich und lindere Deine Schmerzen. Laß Dich herzlich grüßen, besonders von Deiner Dir treu ergebenen Frau Caroline Boll.*«

Wenn Du auch wußtest, daß Dein Heinrich in der Schlacht vor Düppel ein Bein verlor, so hattest Du doch gehofft und geschrieben, daß er mit den gesunden Armen als Musiker eine Existenz für Euch im heimatlichen Kopenhagen aufbauen konnte. Er starb am Wundfieber. Wir wissen heute, wie wenig man die notwendige Hygiene in damaligen primitiven Not-Lazaretten wie dem Augustenburger Schloß beachten konnte. Für Dich bedeutete sein Tod, daß mit Deinem Lebensglück auch die sorgende Hand dahinschwand.

Du warst angewiesen auf Almosen aus der Verwandtschaft, auf das Haus ohne Miete, das Dir Heinrichs wohlhabender Vetter in Lütjenburg anbot. Wie wirst Du den Abschied ohne Wiedersehen von Deinen Eltern und den beschwerlichen Umzug mit Deinen beiden Kleinen und allem Hab und Gut bewältigt haben?

Dabei hattest Du 1864 schon eine »Weltenreise« auf Dich genommen, als Du – zwar ohne Deine Kinder – versuchtest, Deinen todkranken Mann noch einmal zu sehen und Dich nach abenteuerlicher, gefahrvoller Fahrt durch das von Kriegswirren beherrschte Dänemark von einem mitleiderfüllten Fischer über den Alsensund setzen ließt. Vergebens. Du erreichtest Deinen Heinrich nicht mehr.

Seine Kameraden, alle gesundheitlich geschwächt und unendlich müde, wie Heinrich sie Dir in seinem Brief vom 5.4.1864 geschildert hatte, werden Verständnis gehabt haben für Deine Enttäuschung, Deine Trauer und Deine verzweifelte Lage als Frau in ihrer Soldatenwelt. Die Sorge um Deine Kinder wird Dir so viel Kraft eingeflößt haben, daß Du die Courage zur Heimfahrt fandst. Wie hast Du vor Deinen Kindern gestanden mit ganz leeren Händen, mit dem Grauen des Krieges in Deinen Augen und Not und Angst im Herzen?

Die Kinder Deiner Urenkelin waren ein Jahrhundert später gerade so alt wie Deine, als sie versuchen mußte, ihnen von dem allen Menschen bestimmten Tod zu sprechen – und dann vom Tod ihres Vaters. Vom Tod. Vom Tod.

Doch hatte sie von dem kleinen Garten fantasieren können, den sie nun alle drei zusammen in der Nähe der schönen Kirche anlegen und oft besuchen wollten.

Du kanntest das Grab Deines Heinrichs nicht, hast es nie mit Deinen Kindern aufsuchen können.

Liebe Urgroßmutter Caroline, und doch fandst Du ein spätes, wenn auch selbstloses Glück, ein bleibendes Zuhause im geräumigen Lütjenburger Haus mit Platz für die vielen Enkelkinder, die Dir Freude und Frohsinn in Dein Zimmer trugen. Ein versöhnender Schluß eines harten Lebens!

Und die geborstene Grabplatte? Bei meinem nächsten Besuch in Lütjenburg werde ich sie mir ins Auto laden. Vielleicht finde ich einen geschickten Steinmetz für die Reparatur und sicherlich einen stillen Platz für Dich in meinem Garten. Einverstanden?

*Kære Oldemor, ka'du ha' det.**

Mit herzlichen Grüßen

von Deiner Urenkelin

*

Antwort der Urgroßmutter Caroline Boll:

Geliebte Urenkelin!

Dein Brief kam fast hundert Jahre nach meinem Tod etwas überraschend. Laß es den einzigen sein, *søde***, er ist sicherlich lieb und ehrbar gemeint, doch reichlich sentimental.

Ihr haltet das schreckliche Geschehen um Düppel weiterhin wach? Nun gut, wenn es helfen kann, Euch weitere Zwiste zwischen den Staaten und Blut und Elend der Kriege zu ersparen, hat das seine Berechtigung.

Doch scheint mir viel wesentlicher, daß Ihr Euch müht um Eure Erde von heute mit der allzu warmen Decke aus Dunst und Dreck, die bis zu mir heraufstinkt.

* Dänisch: *Liebe Urgroßmutter, laß es Dir gutgehen.*
** Dänisch: *Süße*

Laß lieber das Schreiben, mein Deern, feg und feudel stattdessen Eure Erde rein, sonst erstickt Ihr am Ende noch im Schiet, *undskyld**, ich weiß, das Wort darf man auf deutsch nicht sagen, aber ich meine es trotzdem so.

Ich kann Dir keine Briefpartnerin und verständnisvolle Ratgeberin darstellen. Zu Eurem beunruhigend schnellen Leben voller Probleme habe ich keinen Zugang. Nur Euer Frühjahrsputz, der liegt mir am Herzen. Fangt bei der Luft an, die hat's besonders nötig, und dann bleibt bei mit dem Waschen und Spülen.

Küß mir die Blumen der Erde.

Glück und Segen mit Euch allen.

Mit der verstümmelten Abschiedsformel »*Kan du har det*--« tut Ihr meiner Muttersprache Unrecht. Brauch solche Verunglimpfungen nicht, *søde*.

Es grüßt Dich aus Ewigkeiten
Deine Dich innig liebende

Urgroßmutter Caroline

* Dänisch: *Entschuldigung*

In den alten Briefen von 1864 gelesen

Der Stolz einer Mutter

Line Boll berichtet ihrem Mann, der mit der 3. Kompanie vor den Düppeler Schanzen liegt, von ihren beiden kleinen Kindern. Bei den Schilderungen des sechsjährigen Sohnes fällt auf, welche Akzente sie setzt:

»Kopenhagen 7.4.1864 ...Carl wollte mitreisen, und denn wollte er sein gutes Gewähr hohlen von Wimmelskaftet, denn mit das alte kann er ja nicht die Preußen todt schießen. Er ist immer kriegerisch gesonnen und will alles todtschießen und todtsteken. Was ist das aber ein Jung! Von Morgen bis Abend wirtschaftet er immer in eins los. Kein Minute ist er ruhig. Er ist rein wild und für nichts ist er bange...«

Offensichtlich ist der kleine Carl von der allgemeinen Kampfbegeisterung in Kopenhagen beeinflußt. Doch es erscheint unverständlich, daß die Mutter von den Aggressionen gegen die Preußen berichtet, da sie wußte, daß die Familie ihres Mannes ursprünglich aus dem Holsteinischen kam und die Verwandten weiterhin dort wohnten. Mit Hilfe von historischen Fakten läßt sich ihre Einstellung erklären:

Holstein war ein deutsches Reichslehen, also keine preußische Provinz. Zugleich bildete Holstein einen Teil des dänischen Gesamtstaates, denn der dänische König trug Titel und Würde eines Herzogs von Schleswig und Holstein. Als Herzog von Holstein war er zugleich deutscher Reichsfürst.

Die Holsteiner haben sich immer eigenständig gefühlt. Ihr Ziel war ein eigenes Herzogtum unter dem Herzog von Augustenburg. Zugleich suchten sie die Verbindung zu Schleswig. Sie fühlten sich wohl in erster Linie als Holsteiner, zudem als Schleswig-Holsteiner und waren jedenfalls keine Freunde des Preußenstaates.

Nach 1867 gehörte Holstein zum Königreich Preußen. So mußten Line Boll und ihr Sohn bei dem Umzug ins holsteinische Lütjenburg sich damit abfinden, in einem Staat zu leben, der ihnen als Inbegriff des Feindbildes erschienen war. Es mag sie getröstet haben, daß die Menschen ihrer neuen Umgebung auch keine »Preußenfreunde« waren.

In Lines letztem Brief an ihren Mann spielt wieder das Kriegsspielzeug eine Rolle:

»Kjøbenhavn, 23.4.64 ... *Carls Geburdsdag var jo den 19. April og han ønsker at den snart igjen skal komme for den havde glemt at bringe ham et nyt Gevær*« – In der Übersetzung: »Am 19.4. hatte Carl ja Geburtstag, und er wünscht nun, daß der Tag bald wiederkomme; denn es ist vergessen worden, ihm ein neues Gewehr zu bringen...« Ob Line absichtlich vergaß, den Wunsch ihres Sohnes zu erfüllen, oder zwang ihre magere Haushaltskasse sie dazu? Erfüllte es sie mit Stolz und Genugtuung, daß sie einen furchtlosen Sohn hatte, dessen Kriegsspiel seinen Kampfgeist verriet? War sie geneigt, in ihrem Sohn schon den künftigen Soldaten zu sehen, obgleich sie ihren Mann im Würgegriff des launischen Kriegsgottes wußte?

Man wäre so gerne bereit, den unerfüllten Geburtstagswunsch nach dem Gewehr als bewußte Haltung einer Mutter zu bewerten, die militärische Begeisterung nicht weiter schüren wollte und die mit Sorge das aufglimmende Feuer in ihrem Sohn bemerkte.

Zahnärztliche Versorgung beim Militär 1864 und Steuerzahlungen

Wenn ein Soldat ward hart gepackt
vom Zahnweh, das da zwickt und zwackt,
dann blieb nur eines: Letztes Aus!
Der Übeltäter mußte raus
mit Zange und Courage
zur Zahnlückenblamage.

Der neunundzwanzig Jahre alte *Overspillemand** Johann Heinrich Boll, genannt Heine, schrieb an seine junge Frau:

»Loit, 2.2.64 ...Was nun den gezogenen Zahn anbetrifft, so hindert mich die Zahnlücke nicht am Blasen. Allein mit dem Beißen steht es schlecht, und ich schneide daher jetzt immer die Rinden ab...«

Die Zähne machten Heine Boll offensichtlich arg zu schaffen, denn er greift das Thema in einem der nächsten Briefe wieder auf:

»Skovby, 6.3.64 ...ich bekomme nur monatlich 10 Rigsdaler Courant, und da ja meine Zähne Lücken haben und so schlecht sind, muß ich viel Geld für Weißbrot u.s.w. ausgeben, was ich sonst nicht brauchte.

Auch dauert es mich, daß Du noch hast das *Skattebillet* (die Steuern) zahlen müssen. Weigere Dich nur das nächste Mal bestimmt und sage, Du hast nichts und bekommst Unterstützung vom König. Das haben die anderen Unteroffizierfrauen auch gesagt und sind frei geworden...«

Die zahnärztliche Betreuung der Soldaten hat sich seit 1864 grundlegend geändert und verbessert. Unter dem Steuerdruck stöhnt das dänische Volk heute wie damals.

*Hoch-Dänisch: *Militärmusiker* (Dienstrang eines Oberfeldwebels)

»Der Krieg hat einen langen Arm«
(Zu Elisabeth von Ulmanns These)

– Stimmt dieser Satz, *kære Oldemor*? Ich habe da so meine Zweifel!

–Aber Kind, erkennst du nicht die Weisheit und tiefe Lebenserfahrung darin? Denk doch daran, wie der Krieg mein Leben verändert hat, indem meine Familie zwangsläufig auseinandergerissen wurde, wie ich an den Auswirkungen des Krieges zu leiden hatte bis in mein hohes Alter! Der Krieg fegt die Menschen aus ihrer Heimat davon in ein unsicheres Schicksal, und da hängen sie dann irgendwo in der Luft an seinem langen Arm.

– Ja, das seh ich ein. Der einzelne fühlt sich gezeichnet vom Krieg, wenn er Wunden davontrug, gleich, ob seelische oder körperliche. Aber die meisten...

– Ich hab von zwei Soldaten gehört, die wie mein Heinrich in der Schlacht um Düppel ein Bein verloren, die aber das Glück hatten zu genesen und später sogar ein Holzbein bekamen. Doch das scheuerte und drückte, und der Krieg hielt ihnen jeden Tag aufs neue seinen Zerrspiegel vor, wenn sie sich durchs Leben humpeln und quälen mußten.

– Ach, Oldemor, heute gibt es so perfekte Prothesen; das hat man in unserer Zeit im Griff.

– Glaub doch das nicht, Kind. Ein Mann mit nur einem Bein wird sich immer als Invalide und Gezeichneter empfinden. Er achtet darauf, wie seine Umgebung reagiert, ob mit Mitleid, Verwunderung, Erschrecken – man reagiert.

–Da wirst du recht haben. Mich hat mal eine Eintragung in einem Sommerhaus an der jütischen Westküste tief getroffen. Da stand 1979 im Gästebuch:

Schön war es hier
im Sommerhausquartier,
wo man die Nordsee rauschen hört.
Nur die alten Soldaten vom Rheine
mit nur einem Arm oder ohne Beine,
die haben mich am Strand gestört.

– Siehst du! Da nützen auch eure Prothesen nichts, wenn die Leute sich zum Baden ausziehen, wie ihr das heute so schätzt. Aber ich finde, Kind, du unterstreichst doch nur den langen Arm des Krieges, siehst ihn fünfunddreißig Jahre lang mahnend ausgestreckt, wieso ziehst du ihn doch in Zweifel?

– Weißt du, Oldemor, meine Generation hat einen verheerenden Krieg erlebt, der zerstörend durch viele Länder raste und so viele Opfer forderte, schreckliche Verwüstungen zurückließ, wie keiner vorher. Mag der Krieg auch einen langen Arm haben, sein Atem ist doch nur kurz.

– Ist das nicht eine haltlose Bemerkung? Ein Widerspruch in sich!

–Nein, Oldemor! Von Männern, die auf Macht versessen sind, werden die Schrecken des Krieges ganz schnell vergessen. Wer Macht will, braucht Geld. Und mit Pulver und Kanonen, wie du sagen würdest, ist viel Geld zu verdienen und die Machtposition auszubauen.

– Gibt es denn immer noch Machtkämpfe zwischen den Königen? War ihre Heiratspolitik doch nicht erfolgreich genug?

– Liebe Oldemor, die Könige haben in den letzten hundert Jahren zumeist den Thron, zumindestens aber die Macht verloren. Nein, heute herrschen die Geldteufel auf Erden, und die kennen keine Skrupel. Die haben den Arm des Krieges längst zugedeckt mit komfortablen Neubauten, viel Farbe und Lichterglanz. Dann stehen sie ungestört in ihrer Rüstungsschmiede und produzieren immer neue und furchtbarere Waffen.

– Aber doch nicht in den Ländern, die vom Krieg verwüstet und verbrannt waren!

– Ha, was denkst du! Überall sind die Waffennarren am

Werk, gerade in solchen Ländern, die den Krieg erlebten. Da weiß man doch am besten, wie man Schreckenswaffen produziert und Geld damit verdient.

– Aber dann müßt ihr euch dagegen wehren, Kind! Wenn Männer noch immer vom Krieg fasziniert sind und von Macht und politischem Tauziehen, dann müßt ihr Frauen erklären, daß ihr eure Männer und Söhne nicht wieder als Kanonenfutter mißbrauchen lassen wollt. Frauen empfinden mütterlich und gewaltlos. Sie spüren den Atem des Krieges aus allen bedrohlichen Winkeln heraus. Ihnen steht der lange Arm immer vor Augen.

– Oldemor, du redest ja geradezu aufrührerisch! Warst du nicht immer die liebende, nachgiebige, gute Frau, die versuchte, mit Güte das Leben zu meistern?

– Nun leg mir man keinen Heiligenschein um, Kind. Ich hatte meine Schwächen und Kanten wie jeder Mensch. Doch nach meinem langen Erdenleben habe ich genug nachdenken können über das, was da unten verkehrt lief und heute fast aus den Fugen zu geraten droht. Haß und die Kämpfe um Macht, Geld und Ansehen sind eure Grundübel.

– Da bin ich völlig einig mit dir. Aber wie könnte man das ändern?

– Gut, wenn ihr Frauen den langen Arm des Krieges nachzeichnet, seinen heißen Atem vernehmt. Wach müßt ihr bleiben, ihr friedlichen Frauen! Pustet! Pustet! Verstärkt den Atem des Krieges! Haltet ihn glühend heiß, damit er in all seinem Gestank und Grauen endlich überall erkannt wird. Der Atem des Krieges darf nicht ersticken!

Standesamtliche Urkunde

Mit Sterbenummer fünf
im Jahr tausendneunhundertzwei
vermerkt, daß Oldemor
– verheirathet – verwitwet –
nachmittags eineinhalb Uhr
in ihrem Haus verstorben sei.
Kein Konterfei.

Als Sterbenummer fünf
wurden gotisch akribisch hingemalt
die Daten von ...bis ...
Ein langes Lebenslied
zu Zahlen verkümmert ist.
Da steht lakonisch kalt: 66 Jahre alt.

Mit Sterbenummer fünf
ein Stück vergangener Zeit gecheckt
als beglaubigte Fotokopie
von heute, versehen mit
amtlicher Stereotypie:
Gilt nur für Rentenzweck.
Als Gag?

Zwei Wege führten ans Tor

Er hatte alles getan, um den Krallen des Todes, die er seit langem irgendwo in seinem Innern spürte, doch noch zu entrinnen. Gegen elende Übelkeit fütterte er das Untier in seinem Leib mit Unmengen von Reis, den er nie hatte leiden können, der aber nach Ansicht der Fachkapazitäten eventuell bändigen, besänftigen, zähmen könnte. Er kämpfte mit rasendem Kopfschmerz und Schlaflosigkeit. Jedem Besucher spielte er unter größten Anstrengungen den munteren, fast schon Genesenen vor. Nachher mußte man sein Hemd auswringen.

Wochen wand er sich unter dem Zugriff.
Allmählich sehnte er herbei, nachgeben zu dürfen.
Er faßte seinen Tod ins Auge.

> Dieser wunderschöne Strauß ist aus unserm Garten.
> Wenn Du bald zu Hause bist,
> wirst Du Dich wundern, wie üppig alles blüht.

Ihm schien es kein froher Gruß,
ein vorletzter vielleicht aus ihrem Garten,
und er sprach vom schnellen Welken der überirdisch zarten Blüten.

> Hier bring ich Dir einen Stapel Arbeit.
> Vielleicht macht Dir die Durchsicht Mühe,
> aber Du darfst die Verbindung nach draußen nicht verlieren.

Die Papiere eroberten das Krankenzimmer, raschelten, krochen auf ihn zu, wühlten sich in den gemarterten Kopf, und er erklärte, nie wieder durch Papierdickicht reiten zu können.

Dein Auto blitzt und blinkt.
Es wartet darauf,
daß Du Dich wieder ans Steuer setzt.

Seine Welt war klein geworden,
hineinschaubar, der tägliche Gang zum Fenster, krumm, kaum noch zu meistern,
und er deutete den letzten, rätselvollen Weg an.

Heute bekommst Du Besuch von unseren Kindern.
Sie werden Dich fragen,
wann Du wieder mit ihnen spielst.

Die Kinder beschlagnahmten den Raum,
tanzten über Tisch und Bett, lachten,
und er wünschte sich himmlische Stille und äußerte das auch.

Ich vermisse Dich Tag und Nacht
ich will Dich neben mir haben,
immer Deine Nähe fühlen.

Sie will nicht begreifen. Sie drängt sich auf.
Sie fürchtet die weißen Segel
zu den anderen Ufern.

Dich zurückrufen! Fliehen!
Dich ketten
an unser schönes gemeinsames Leben.

Sie hört keine Glocken, sieht weder gelben Fingerhut
noch zerrinnende Kiesel
auf Treppenstufen.

Gestern schienst Du –
standst Du doch –
wirktest Du –

Sie soll suchen
nach dem schimmernden Schlüssel
zum schwebenden Schloß

Es atmet sich schwer im Vorhof am Tor.
Zwischen unlängst noch verschlungenen
Händen finden sich rostige Riegel.

Die Reise nach Hamburg

Wer rechnet heute noch groß eine Fahrt nach Hamburg? Die alte Hansestadt, das Tor zur Welt, liegt uns Nordschleswigern vor der Haustür. Ob mit Bus, Bahn oder Auto, in zweieinhalb Stunden ist HH erreicht, und dann geht meistens die Reise erst richtig los.

Letzteres galt auch für den Schiffsjungen Hans Bruhn, der zur ersten großen Seereise, angeheuert von seinem Onkel, Kapitän Jacob Bendixen, mit dem Fregattschiff »Creole« von Hamburg nach Rio de Janeiro segeln sollte. Das war im Jahre 1829, und für die Reise von Apenrade nach Hamburg mußten sechs bis sieben Tage einkalkuliert werden.

Hans Bruhn beschrieb später diese Reise ausführlich und nannte die Reiseabenteuer »Matrosen-Heldentaten« (*matrosheltegjerninger*), denn mit ihm, dem jüngsten Schiffsjungen, fuhr die Mannschaft, zehn bis zwölf junge Matrosen aus der hiesigen Gegend, im Pferdewagen des Pächters vom »Seegarder Krug«, Detlev Jocumsen, nach Hamburg.

Heute wird oft darüber gestöhnt, wie schwierig unsere Jugendlichen seien, die reinsten Rowdys, die das Eigentum des anderen nicht respektieren. Da ist es ganz aufschlußreich und nicht nur, aber auch amüsant, der Jugend von damals ins Reisebuch zu schauen, denn die Erinnerungen des späteren Kapitäns Hans Bruhn liegen teils in deutscher, teils in dänischer Sprache vor, mit den Beteuerungen, daß es sich um die absolute Wahrheit der Begebenheiten handele.

Hier werden die Einzelheiten zusammengegriffen. Der Vater und Reeder, Jørgen Bruhn, versorgte die Mannschaft mit Reisegeld, worüber Rechenschaft abgelegt werden mußte. Proviant, bestehend aus Brot, Butter und Branntwein, sollte für die ersten Tage reichen.

An einem schönen Sommermorgen um 7.00 Uhr zockelte das Gefährt von Apenrade aus die alte Landstraße nach Stubbeck hinauf, weiter auf der Pflasterstraße (*stenbro*) vom »Dybkær

Krug« zum höhergelegenen Wald kreuzte die erste Heldentat auf mit einem Bauern, der oben auf seiner Torffuhre thronte, die er nach Apenrade bringen wollte. Der Erschrockene wurde von den übermütigen Seeleuten heruntergezerrt, und dann flößten sie ihm so viel Branntwein ein, daß er völlig betrunken war, gaben einen großen Klacks Butter in den alten, schwarzen Hut, den sie ihm so tief in die Stirn drückten, daß die schmelzende Butter über seine Augen rann, bewaffneten ihn mit Flasche und Peitsche und schickten ihn auf die Weiterfahrt. Zuvor hatten sie jedoch Pfähle, Steinbrocken und derlei Hindernisse in die Wagenfurt geworfen, so daß die Torffuhre davonschwankte, ächzte und eierte und etliches verlor.

Als man hinter Bau den Flensburger Umkreis erreicht hatte, bot sich als nächste Gelegenheit eine Gans, die sich hurtig einfangen und auf den Wagen bugsieren ließ. Doch einer der rauhen Gesellen sah den Gänseklau als vermeintlichen Spaß an und warf die Gans vom Wagen. Das brachte ihm Kaskaden von Scheltworten ein und das Urteil, die nächste Gans zu stehlen, gleich, ob bewacht oder nicht. Zwischen Flensburg und Schleswig wartete die nächste Möglichkeit, als einige Gänse am Wegrand schnabbelten, beschützt von einem Hütejungen. Der »Verurteilte« stürzte auf die Gans zu, warf ihr seine Jacke über und lief damit weg, obgleich der Junge lauthals hinter ihm herzeterte: »Meine Gans! Meine Gans!« Auf dem Wagen wurde der Gans sofort der Garaus gemacht, und auf die gleiche Art mußten auf der Fahrt vier weitere Gänse und zwei große Lämmer dran glauben, die mit allerlei ergatterten Naturalien auf dem Wagen verstaut wurden. So entwickelte man z. B. eine besondere Geschicklichkeit darin, mit einem eigens dafür angefertigten Haken die Holsteiner Mettwürste im Vorbeifahren zu angeln, die über der Eingangstür zu den Wirtshäusern baumelten.

Nachts suchten sich die Seefahrer ein Logis in einer Stadt, und Hans Bruhn nennt Rendsburg, wo sie bei einer jungen Witwe Quartier fanden, die alle Vorbereitungen getroffen hatte für den Besuch ihres zukünftigen Bräutigams. Hier fielen die Seeleute über den fetten Kalbsbraten her und tranken den

Rotwein aus, obgleich die junge Frau inständig um Barmherzigkeit flehte und zudem versprach, eine extra leckere Mahlzeit für die Kumpanen herzurichten. Nichts half! Die letzten Mehlklöße, wie sie damals in Holstein üblich waren, stopfte man in die leere Weinflasche, goß Branntwein drauf, verkorkte gut, verschloß zusätzlich mit Lack und amüsierte sich köstlich, welch ewiges Andenken man der guten Frau hinterlassen hatte, für ihre Wohnzimmervitrine die letzte seltene Kostbarkeit.

Im Gelände des Rendsburger Festungswerks begegnete ihnen mit einem Liebespaaar der nächste Streich. Das hübsche Mädchen des Schlachtergesellen reizte die Helden derart, daß sie die Schöne fest an sich drückten und küßten, wogegen sich der Schlachter energisch und mit all seiner Kraft zur Wehr setzte, auch mit seinem lauten Geschrei einen in der Nähe patroullierenden Polizisten herbeirufen konnte. Der wurde sofort entwaffnet, das Gewehr über die Hecke in einen Garten geworfen, und nun bekamen die beiden eine gehörige Tracht Prügel von der Übermacht der Reisegesellen, die sich anschließend fröhlich davonmachten, ohne später wegen dieser Taten behelligt zu werden.

So wurde die Tour voller Abenteuer fortgesetzt bis Sankt Pauli, wo man großzügig einlud zu einer Festtafel mit all den gestohlenen Herrlichkeiten. Zwar hat das alles dem jungen Hans Bruhn nicht behagt; doch mußte er jedes Spielchen mitmachen, oftmals dazu gezwungen, da ihm als Sohn des Reeders keine Außenseiterrolle zugebilligt wurde.

Erwähnenswert wäre noch der Beginn der Hochseefahrt. Man segelte an Stade vorbei und ankerte vor Glückstadt. Hier wurden alle Trinkwassertanks mit Süßwasser von der Elbe aufgefüllt, da im weiteren Einflußbereich der Nordsee die Elbe Brackwasser oder sogar Salzwasser mit sich führen könnte. So mußte man vor Glückstadt gutes, sauberes Elbwasser tanken.

Es hat sich doch einiges geändert seit 1829.

Zu Bronze verurteilt

Die Auserwählten in unserer Welt tragen ein vielmal lebenslanges Los. Würdig, stetig müssen sie wachen auf Sockeln, verurteilt zu ruheloser Wahrung ihres Andenkens, die Mienen erstarrt zu lächelnder Lauterkeit.

Raubt man ihnen den Halt unter den Füßen, kippen sie mit Haltung um, ohnmächtig wartend auf Standortwechsel und frisches Publikum.

Fürst Bismarck mußte nach verlorenem Krieg vom Knivsberg weichen, der Siegreiche. Lahmgeschlagen wurde er in schauriger Nacht auf zwei Leiterwagen von Pferden über das Apenrader Holperpflaster gezogen, heimlich mußte sich der seltsame Leichenwagen in verwegenem Husarenstück davonstehlen. Nach dem Transport über die Grenze fuhr der Reichskanzler im unbequemen Güterwagen 4. Klasse gen Süden und verursachte, in einer zugigen, staubigen Fabrikhalle in Rendsburg abgelegt, in weiten Landstrichen so lange Kopfschmerzen, bis man einen anderen Hügel mit Fernsicht für ihn fand und die Mäuse kurzerhand aus seinen Füßen jagte. Auf dem Aschberg thront heute der alte Herr, den Feldherrnblick in neutrale Fernen gerichtet.

Sein Kaiser, Wilhelm, ist nur halb so groß eingeschätzt worden, als man ihn ausgoß ins Bronzebett. Überlebensgröße war man dem deutschen Kaiser selbstverständlich trotzdem schuldig.

Einstmals hatte er in Hadersleben den nördlichen Vorposten bezogen. Wen wundert's, daß er nach seiner Niederlage abgebaut wurde. Der Schrottplatz blieb ihm erspart. Einige behaupten, man deponierte ihn in der dunkelsten Ecke einer düsteren Scheune; andere hängen ihm an, er habe zwischen Brennesseln, verdreckt und überwuchert, in der Waagerechten gedämmert, bis man ihn nach einigen Jahrzehnten weckte zu neuen Pflichten.

Heute wirft er seine landesväterlichen Blicke im Haderslebener Museumsgärtlein in ein achtzehn Quadratmeter umgrenztes, schwerlich auffindbares Geviert und läßt sich hautnah bewundern. Den stattlichen Umfang gegürtet und umschärpt, zeigt er sein Ordensregister vor, zwanzig in Reih und Glied auf der Spange geordnet, werden ergänzt durch jene am Bande, die sich um den Hals drapieren. Einen schweren Mantel mit Faltencape gilt es auch, mit Würde und lässiger Eleganz auf den greisen Schultern zu tragen. Der Schnurrbart sitzt in Form wie eh und je. Untadelige Fassade!

Wie verlautet, wurden ihm zu seiner Neu-Errichtung von einer alten, immer noch stattlichen Dame der früheren Gesellschaft kein Biedermeiersträußlein, nein, langstielige Rosen zu Füßen gelegt. Da wird mancher im ironischen Winkel geschmunzelt haben: Seine Majestät, der Kaiser, haben sich gnädigst gefreut und den Handschuh gelüftet. Andere mochten sich kaum eingestehen, daß solche Treue zu den Wertvorstellungen der Kindheit, die historische Epochen überdauerte, zur deutschen Monarchie, in der Stille anrührte. Seine Majestät durften noch einmal eine Verehrerin begrüßen. Fortan müssen sich Hoheit nur gelangweilte Neugier gefallen lassen.

Auch in Bronze verewigte Schönheit muß fürchterlich leiden. Zweimal wurde *den lille havfrue** in Kopenhagen nun schon brutal enthauptet. Welch tragisches Schicksal!

* Dänisch: *Die kleine Meerjungfrau*

Muttertag der Alten und Uralten

An warmen Sommertagen sitzen sie gern auf der Bank vor ihrem Heim namens »Feierabend« unter der einladenden Kastanie. Aus verschiedenen Gründen hier zusammengewürfelt, fanden sich diese drei sicherlich wegen ihres gemeinsamen Namens zusammen. Man vermutet im Norden die Petersens, die Jensens oder Hansens. Das wäre nichts Besonderes. Nein, die drei alten Damen heißen Marie, gesprochen wie geschrieben, Ma-ri-e, doch hatten schon die Schulkameraden Individualformen, *Ökelnamen**, gefunden, die ihnen ein Leben lang als ihr persönliches Hemd erschienen: Mie, Misse und Mizzi.

Sonntag ist's, Maiensonntag, genau festgenagelt, der zweite im Mai, Muttertag, und damit ist einer von den dreien der strahlend schöne Tag vergällt. Mie räsoniert, daß mindestens eins von ihren fünf Kindern, die alle im Landesteil wohnen, sie an diesem Tag aus dem »Feierabend« hätte abholen können: »Da hat man sich abgerackert für die Jungen, hat oft aus dem Nichts etwas zaubern müssen zum Essen und Anziehen, und nun hat keiner am Muttertag Zeit für mich.«

»Ach Mie, zwei von Deinen Kindern sind verreist, und zwei haben doch letzte Woche erst telefoniert.«

»Und was hab ich heute davon? Ein Anruf! Da muß man zum Telefon jachtern, blitzschnell, Mie, es eilt! Die jungen Leute haben keine Ahnung, wie beschwerlich das ist, und nachher überleg ich, was wir geschnackt haben. Ich sag das Verkehrte und vergeß die Hälfte.«

»Sie haben doch an dich gedacht.«

»Aber nicht geschrieben, so daß ich einen Brief ein paarmal lesen kann.«

»Du hättest wohl am liebsten, daß sie dich in offener Kutsche mit zwei Apfelschimmeln abholen würden.«

* Plattdeutsch: *Spitznamen*

»Geld wäre dicke vorhanden. Bei allen fünfen. Und ich würd´ mich freuen.«

»Bei der Abfahrt würdest du huldvoll allen Heimbewohnern zuwinken wie Königin Ingrid: Seht mal, was ich für liebe Kinder hab. Die denken sich was Hübsches aus für ihre Königin-Mutter. Stimmt's?«

Misse kann ein verschmitztes Lächeln und ein paar ironische Bemerkungen nicht unterdrücken.

Dabei hat sie auch drei Kinder erzogen, oftmals allein, wenn ihr Mann auf Geschäftsreisen oder auf Quellenforschung war, wie er das zu nennen pflegte, wenn er dem Alkohol bis an die munter fließenden Quellen entgegenging. Die Quellen versiegten nie, durstige Freunde gab's viele, und nachher kam er mit Löchern in den Taschen nach Hause und mußte seine Quellenkröte streicheln, nörgelig und grantig, tagelang.

»Du hast wahrhaftig auch Besuch verdient am Muttertag!« Damit möchte Mie sie mit einbeziehen in ihren Mutter-Jammertag.

»Bei mir gibt's keinen Muttertag. Hat's nie gegeben.«

»Wieso denn nicht? Den Blumentopf einmal im Jahr hättest du mindestens verlangen können von deinem Mann und den Kindern.«

»Ach, weißt du, Mie, meine Kinder habe ich voll Dankbarkeit angenommen. Sie waren die größten Geschenke, die mir das Leben bescherte. Warum sollte ich mich dafür feiern lassen?«

»Du stellst doch die Welt auf den Kopf, Misse. Wenn du schon so großartig von Dankbarkeit sprichst, dann kommt sie doch deinen Kindern zu, für die du geschuftet hast, Tag und Nacht.«

Misse lacht: »Und lehret die Mädchen
und wehret den Knaben,
und reget ohne Ende
die fleißigen Hände...

Du möchtest wohl gern, daß man Dir ein liebes, tränenfeuchtes Gedicht aufsagt oder Schillers 'Glocke', bitteschön, auswendig und fein pathetisch.«

»Dein Spott geht entschieden zu weit, Misse. All die schönen Gedichte zum Muttertag, die mir meine Kinder vom Kindergarten oder aus der Schule nach Hause brachten, haben mich so gefreut. Wenn die Lütten am Morgen ganz früh in der Küche herumwirtschafteten und dann ordentlich gekämmt im Sonntagsstaat mit strahlenden Augen und vollem Tablett am Bett erschienen, ihr Verslein aufzusagen, dann standen da die lieben Engelein persönlich, direkt vom Himmel heruntergefallen.«

»Tja, was bei uns herunterfiel, waren die Tassen, wenn die lieben Kleinen zu nachtschlafender Zeit in der Küche rumorten und ein heilloses Durcheinander hinterließen.«

»Wie gefühllos, ja herzlos du urteilst!«

»Ich weiß nicht recht, Mie. Eben hab ich dir doch erklärt, wie mir die Jahre mit meinen Kindern reich vorkamen und wie ich mich durch sie jeden Tag wieder beschenkt fühlte. Nun nennst du mich gefühlsarm, nur weil ich mich all der Sentimentalität rund um den Muttertag verschließe. Bin ich heute nicht besser dran als du? Mich kränkt es nicht, daß mir heute keiner Vergißmeinnicht schenkt und mich in die Muttertagskutsche einlädt. Alle Restaurants sind heute doch proppevoll... Wir haben's schön hier unter unserer Kastanie, die sich mit den Blütenkerzen den Sommer aufsteckte. Laß uns doch den Tag genießen!«

»Den Tag genießen, wenn Mizzi da neben uns döst? Um die kümmert sich überhaupt keiner mehr.«

»Sind wir beiden denn überhaupt keine? Und die Schwestern sind doch wirklich alle nett und hilfsbereit zu ihr.«

»Ob sie merkt, daß sie hier draußen sitzt in ihrem Rollstuhl, oder ob sie das gar nicht registriert? Man ahnt es ja nicht, weil sie kein Wort sprechen kann.«

»Eigentlich vegetiert Mizzi nur so dahin, und wenn wir sie nicht manchmal mitnähmen, verdämmerte sie ihre Tage im Bett.«

»Wie ungerecht wird im Leben verteilt! Hat Mizzi je eine Familie und Kinder gehabt wie wir? Ich habe nie Angehörige erlebt, seit sie vor zwei Jahren im 'Feierabend' eingeliefert wurde, stumpf und verstummt für immer.«

»Siehst du, Mie, wie wir's doch gut haben! Nun ist der Muttertagskoller wohl endgültig davongeklappert.«

»Wenn ich Mizzi so durch die Tage tranen sehe, gefüttert und gewickelt, dann seh ich keinen Sinn mehr im Leben. Mir fällt nur Endrupskov ein.«

»Dabei fühlen wir zwei uns doch oft wie die guten Menschen mit Seelenpolitur, nicht Mie? Helfen, an andere denken...«

»Du weichst aus, Misse. Ich fragte, was du über die Art der Abnahme denkst, wie sie wahrscheinlich von den Bewohnern in Endrupskov durchgeführt wurde. Fällt dir das nicht auch manchmal ein, wenn du Mizzi in sich hineingekrochen erlebst, ohne Reaktionen, und weißt, daß es für sie auf dieser Welt kein Erwachen mehr gibt?«

»Da du mich so direkt fragst, will ich dir sagen, daß mir jedesmal, wenn ich am Ufer der Gels-Au vor dem Steilhang stand, kalte Schauer über den Rücken liefen, auch an Sonntagen wie heute. Hart, brutal und unmenschlich erschien mir das Vorgehen, wahrscheinlich aus unvorstellbarer Armut und Hungerszeiten geboren. Aber heute sehe ich auch eine Barmherzigkeit darin, um die ich für mich selber gern bitten möchte, wenn ich so weit wär', bitten möchte, aber nicht bitten dürfte...«

Damit schieben Mie und Misse mit dem Rollstuhl, mit Mizzi im Rollstuhl, mit dem konfortablen Rollstuhl zum »Feierabend« zurück.

An einem sonnigen Muttertag im Mai.

*

Endruspkovs Aftægt

Der fortælles, at når folkene i Endrupskov blev til års og ikke længer kunne gøre gavn for føden, gav man dem en kridtpibe og et fjerdingspund tobak, satte dem på en halv vogn og lod dem rutsje ned over en brat skrænt og ud i den nedenfor løbende Gels å. Dette kalder man Endrupskovs aftægt.

Die Abnahme von Endrupwald

So wird erzählt: Wenn die Leute in Endrupwald alt und zur Nahrungsbeschaffung nicht länger tauglich waren, gab man ihnen eine Kreidepfeife und ein Viertel Tabak, setzte sie auf einen halben Wagen und ließ sie den Steilhang hinunterrutschen, gerade in die darunter fließende Gels-Au. Das nennt man die Abnahme von Endrupwald.

Povlskro und die Jagdhütte

Wie lange noch
und der Sand der Geest
deckt unsere Spur –

dachte er melancholisch und freute sich doch an dem sanften Abendlicht, das durch die Schatten der Baumnachbarn auf seinen blaßgrauen Wangen mit den senkrechten Runzeln spielte und ihn milde wärmte. Sein Stolz, der Giebel und die Schmuckleisten aus versetzten Ziegeln kamen dabei voll zur Geltung, und er vergaß für eine Weile seine blinden Fensteraugen und die Schande der fortwährend schlagenden Haustür, die ihn sonst so nervte. Die Brust gen Osten mit der Jahreszahl 1777 schob er noch ein wenig stärker hervor und begann damit auch sein Gespräch mit der kleinen Schwester, der Jagdhütte, die, einsam und von allen menschlichen Geistern verlassen wie er, in der Nähe wartete und sich zu Tode langweilte.

»Du kennst ja mein ehrwürdiges Alter, Kleine, und aus meiner jahrhundertealten Geschichte habe ich dir oft ein paar Stücke berichtet.«

»Dann orgel nur los, Alter, du weißt, daß du in mir eine jagdhundgeduldige Zuhörerin findest, nur laß die Prahlerei von deiner Schönheit und Größe, deinen lauten Trümpfen, die du mir gegenüber seit Ewigkeiten ausspielst.«

»Ewigkeiten«, dröhnte das spöttische Lachen des Greises, »du kleiner junger Stint zählst doch mit Schummeln kaum deine zwölf Lenze.«

Die Jagdhütte bedauerte schon, daß sie sich überhaupt auf dieses Gespräch eingelassen hatte, denn daß sie zunächst aus einigen gebrauchten Brettern mit vielen Nagel-Narben zusammengehauen war, bevor man eine rechte Hütte aus ihr machte, betrachtete sie als unrühmliche Geburt, an die sie nicht gern erinnert werden wollte.

»Schwärm mir nicht schon wieder von dem lieben Großmütterchen vor, das dich täglich lobte, streichelte und pflegte und dir in die Fenster und in den Hausgarten lauter bunte Blumentupfer pflanzte. Ich kenn all deine rührenden Geschichten von *Bedstemor** und *Oldemor***, von ihrer Umsicht, ihrem Fleiß und ihrer Selbstlosigkeit. Ja, ja, die dachten nur an den Blumenschmuck für dich, putzten und wienerten an dir herum, verreisten nie, betrachteten dich als ihr Himmelreich und verließen dich erst nach ihrem allerletzten, schwachen Seufzer. Die Tränen, die du ihnen noch immer nachweinst, kannst du dir sparen, wenn du gar nicht erst auf deine blütenbunten Jahre eingehst.«

»Was soll ich dir sonst erzählen? Du bist ja aus der neumod'schen Zeit, dich interessieren sicherlich nur die Mädchen von früher. Ja, die waren auch schon ohne, unter den dicken, langen Röcken trugen sie nämlich im Sommer gar nichts, du weißt schon«, und sein behäbiges Lachen kollerte durch all die leeren Räume.

»Find ich gar nicht weiter spannend«, kommentierte pikiert die Hütte. »Erzähl mir lieber von den Treibern, die früher hier in deiner Nähe campierten.«

»Ja, ich bot ihnen alles.« Und nun zählte der alte »Krug« auf, womit er früher gedient hatte, wobei er sich immer wieder in den Vordergrund schob.

»Mein Wasser war frisch und klar, das blieb die Hauptsache« – gemeint war das Wasser der Behrendorfer Mühlenau, die zweihundert Meter davon entfernt unter der alten Brücke hindurcheilt und bis heute geschwätzig eine Erquickung anbietet, umsonst; doch damals war sie den Ochsen wahrhaftig willkommen.

»Für die wohlhabenden Kaufleute hielt ich immer mehrere Zimmer bereit. Sie schliefen in meinen oberen Gemächern, in Betten, versteht sich, blau oder rot kariert, sehr schmuck, nur ruhten die feinen Herren wenig und meist im vollen Zeug, mit der Geldtasche als Kopfkissen, mißtrauisch waren sie, auch in

* Platt-Dänisch: *Großmutter* (Hoch-Dänisch: *Farmor*)
** Dänisch: *Urgroßmutter*

meinen ehrlichen Mauern, und in aller Herrgottsfrühe rollte ihre Kutsche schon wieder davon.«

»Das sind die Jagd-Fans, die ihre dicken Brieftaschen links oben auf dem Balken ablegen, bevor sie bewaffnet in den Wald wandern. Das sind die mit den Taschen und Flaschen, mit denen werden die Abende immer lang und lustig.«

»Ach nein, früher wirkten sie verschlossen und gehetzt, oft auch mürrisch, und sie polterten mit den armen Treibern herum, die in ihrer Gegenwart den Kopf wie die Ohren der Ochsen hängen ließen, wenn sie auftauchten. Nur in Gegenwart der Mädchen konnten sie laut und hinterhältig lachen, wollten sie auch wohl in meine Betten locken und versprachen so viel, als wenn sie die jungen Dinger zukünftig auf Samt und seidenem Bettzeug schlafen lassen wollten.«

»Was du dir wieder zusammenreimst. Auch wenn es bei mir noch so lauschig hergeht, wenn ein Feuer im Kanonenofen knistert und der Kerzenschein grazile Gestalten über die Wände huschen läßt, bleiben Mädchen mir fern. Ich bin die einzig holde Weiblichkeit.«

»Nüchtern schmucklose kleine Hütte, ich kenn da reizvollere Damen«, nahm der Alte gleich die Gelegenheit zum Prahlen wahr. »Hier übernachteten Silberhaardamen, mit Gold behängt...«

Ein dumpfes Grollen in der Ferne wollte zu den edlen metallischen Tönen, von denen der Alte sprach, gar nicht passen, und die kleine Jagdhütte, die nach drei Himmelsrichtungen eine freie Aussicht genoß, fürchtete sich vor den dunklen, unheilträchtigen Wolkenbergen, die sich im Südwesten auftürmten. Sie duckte sich und drückte sich an die Tannen im Hintergrund, jammerte und greinte vor sich hin, sie war von ängstlicher Natur und nahm kaum noch wahr, wie der Alte aus dem Schutz der Baumgruppen heraus spottete und sie ein ängstliches Kaninchen nannte.

Er berichtete von den Ochsentreibern, die sich nachts auf den Wandbänken im Eßraum ausruhten und von den Schweinehirten, geringschätzig behandelt von allen, die sich nach den

Wachablösungen im Viehkral ins Heu auf den Dachboden verzogen.

In die Schatten der Dämmerung geisterte zuweilen ein Wetterleuchten, Feuerzeichen huschten über die schwarzen Wolken, und plötzliche Böen rauschten und knackten in den Zweigen, immer wieder rumorte fern der Donner mit seinen Kegeln und schob sich dichter heran. Da scheppert es im Hinterhof, Glas splittert, die Hoflampe, an der Hausecke exponiert angebracht, liegt in Scherben, nur ein letzter scharfkantiger Glasrest klammert sich in der Fassung fest. Und jetzt stürmen sie heran, die Strauchritter unserer Zeit, die aus dem Hinterhalt ein Wettbombardement veranstalten, das die Lampe in die Tiefe riß und dem Alten einen tödlichen Schrecken in die Fassadenglieder jagt. Auf ihren *Knallerts** knattern weitere junge Draufgänger heran, suchen Schutz vor dem drohenden Unwetter und belegen den Hausgreis mit Beschlag.

Endlich beherrschen fröhliche Laute die stillen Räume, doch sie klingen roh, von Bierspritzen angefacht, zu Übermut gesteigert, so daß sich die Jagdhütte mit Schauern in ihrem dürftigen Leib unsichtbar macht. Der dickbauchige Hausriese aber muß aushalten, was da in seinen Gedärmen tobt, und er meint, Donner und Blitz würden sich in seinem Innern entladen. Denn da kracht es und splittert. Die Bodentreppe wird zu Brennholz zerkleinert. Schon knistert im Herd ein Feuer, werden Würste auf Spießen hineingehalten, schmatzt man vernehmlich bei der Henkersmahlzeit, die ihm gilt, dem alten Getreuen mit den zweihundert Jahren auf dem weitläufigen Dach, das freilich viele Male inzwischen erneuert wurde. Aber diesmal rast in seinen Mauern das endgültige Aus.

»Was soll der alte Esel noch hier draußen in der Wildnis? Willst du hier etwa wohnen? 'Ne endlose Geländestrecke vom nächsten Posemuckeldorf entfernt und 'ne Stadt in den Sternen.«

Nach einer guten Stunde zieht das Gewitter geräuschvoll davonknatternd ab. Es hinterläßt einen Schwerverletzten, voller

* Dänisch: *Moped*

Glas- und Holzsplitter im gemarterten Körper, der sich zu seinen Wunden bekennen muß. Vergeblich versucht der Alte, den vorbeifahrenden Fremden zu beeindrucken mit seinem Ziegelstein-Zierfries und der von Hand gearbeiteten schmiedeeisernen Jahreszahl 1777.

Die fröhlichen Wanderer, die heute den Spuren des alten Ochsenweges nachgehen, hören in seiner Nähe - ja? - hören Sie etwas?

*

Bäuerliche Perspektive

(Nach einem Besuch von Povlskro am alten Ochsenweg:)

Vorgestern klapperten Leiterwagen
geschäftig ein und aus

Gestern verschloß der Bauer
endgültig sein Scheunentor.

Heute um vier Uhr früh die Maus,
um achtzehnfünf ein Spinnlein

blieben einzige Passanten
eines langen Tages.

Nach den Schwedenkriegen (Dreißigjähriger Krieg) und dem Brand des Dorfes Uk 1627 wurde Povlskrotoft von Uk ausgesiedelt und ist 1670 erstmals in den Klipleffer Kirchenbüchern urkundlich erwähnt. Der »Krug« gehörte zu den vierzehn Gastwirtschaften, die bis zur Mitte des vorigen Jahrhunderts am Ochsenweg zwischen Toldstedt und Flensburg Erfrischungen für Mensch und Tier bereithielten, also nach jedem zweiten Kilometer ein Krug (mit Schnaps).

Die Treiber aus Jütland trugen geringes Gepäck bei sich, eine Stofftasche am Schulterriemen mit Flasche und einen Handstock mit bleigefüllter Spitze zum Antreiben der Ochsen und Vertreiben von Wölfen und Viehdieben. In ihren spitzen Holzschuhen wechselten sie öfter das Stroh (*halm i træsk´**). Die Treiber gingen mit den Ochsen zu Fuß, zurück von Hamburg nach Jütland (Viborg) möglichst schnell (im Eilschritt), um wieder mit der nächsten Herde nach Süden zu ziehen. Die Händler fuhren in ihren zweirädrigen Federwagen voraus.

Schon 1764 verlor Povlskro entscheidend an Bedeutung, als die Postroute von Apenrade nach Flensburg verlegt wurde über Stubbeck Stenbro an der Enstedter Kirche vorbei nach Klipleff. Nach dem Bau der Landstraße 1874 wurde es noch stiller um Povlskro.

Die Liste der Eigentümer weist lückenlos zurück bis 1670 und läßt erkennen, daß der »Krug« sehr oft den Besitzer wechselte, also selten beim Generationswechsel in Familienhand blieb.

Verzeichnis der Eigentümer:

1670	Tod des Daniel auf Povlskro
1670	Hans Petersen
1695	Jens Olsen (Jensen) von der Insel Fünen
1726	Andreas Jessen, Gutsinspektor
173?	Thomas Jessen
1739	Jes Nissen
1779	Jürgen Jürgensen
1785	Mads Jessen Ipsen
1834	Christian Jürgensen
1866	Jørgen Jørgensen
1875	Peter Hamkens
1879	Hans Hansen Engel
1880	Hans Bruhn

* Dänisch: *Stroh in Holzschuhen;* Platt-Dänisch *(træsk´)* / Hoch-Dänisch *(træskoene): Holzschuhe*

1890	Nicolaus Hoeck
1899	Aksel Schmidt
1913	Peter Ehlert
	Anders Ehlert
1981	Hans Christian Nissen
1988	A P S Feldborg
1988	Anders Lund, Apenrade; Poul Nielsen, Lundtoft

Sehenswert ist in unmittelbarer Nähe von Povlskro die Brücke über die Behrendorfer Mühlenau von 1744.

1989 wurde Povlskro wiederholt von Vandalen – Randalierern – heimgesucht und 1990 als Wohnhaus restauriert.

Im Schilfnest

Zum *Søhus** im Tingleffer Moor geführt von einem Moorkind

Das Schilfhaus ist immer sanft und geduldig gewesen. Es hat nie hoch hinaus wollen, drängte nie zu Anbauten, Umbauten, Ausbauten. Es blieb ein zufriedenes Haus, das sich nicht fortwünschte vom Ende der Welt. Und wer darin wohnte, fand dort ein Nest und bescheidenes Glück. Das Schilfhaus nahm keinen auf, der Ilsebill hieß und Märchenschloßwünsche hegte. Ich finde den Weißdornweg noch, wenn auch von Treckerrädern in der Spur zerwühlt, mit Bauschutt schlampig geflickt, mittwegs zerteilt durch die grüne Narbe. Schon von weitem grüßt das kleine, bescheidene Haus, bietet Willkommen und lädt ein. Nicht unter das heutige Eternitdach, sondern auf die luftige Schaukel im Garten, die am kräftigen Ulmenast hängt. Dem weißen Kreuz, dem Zeichen der heutigen Zeit am Eingang, sinne ich nach, bemerke das Ausrufezeichen »Privat«, registriere die fünf einsamen Campingwagen auf den Dauerplätzen im Winterschlaf und lasse mich in die Vergangenheit schaukeln. Der Herbsthimmel schwingt, die Sonne tanzt, und das Moor rundherum winkt mit Kratt und Schilf im Wind.

Meinen weiten Schulweg nach Baistrup kann ich ein Stück verfolgen, im Sommer lief ich barfuß über die Wiesen, die Abkürzung zum Heckenweg, wo der weiche Sand die bloßen Füße warm umschmeichelte. Im Winter war das Querfeldein über den gepflügten Acker in den derben Holzschuhen schon schwieriger. Nach der Schule zog es mich heim in unser Schilfhaus, es wies mir von weitem mit dem Petroleumlämpchen den Weg und umarmte mich mütterlich sanft bei meiner Ankunft. Dann übernahmen unsere beiden Hunde wild und ungebärdig das Begrüßungszeremoniell.

Im Haus umfloß mich die Lichtflut aus unseren fünf Südfenstern, und ich räkelte mich in Mutters herdwarmer Küche, wo sich der Sonntag heranschnuppern ließ aus dem Ofen. Wurde

* Dänisch: *Seehaus, Schilfhaus*

ich zur Pumpe nach draußen geschickt, dann kam mir das Schilf fröhlich nickend entgegen, flüsterte und wisperte vertraut, gar nicht unheimlich und schaurig, wie es die Moordichterin beschrieben und vom Lehrer erfragt war. Er wollte nur das gelten lassen, das verfluchte, blutrünstige Moor. Doch mein Moor wußte fröhliche Geschichten und zeigte mir mit unserm Schäferhund und dem ungestümen, drolligen Rattenbeißer die Heuschrecken am Wegsaum, die Nester von Rebhuhn und Fasan oder vom Kiebitz, der uns davonpüstern wollte mit drohendem, waghalsigem Anflug in Flugakrobatik und der uns sein lautes »Kiewit« in allen Variationen entgegenrief. Die lockeren Maulwurfsbauten lockten die Hunde zur Schatzsuche, und ich ließ mir vom fächelnden Wind oder vom mächtigen Sturm Geschichten erzählen. Mein Moor gab mir helle Geheimnisse preis, auch im Winternebel.

Mir trägt der Abendwind den Torfrauch zu aus dem kleinen Eisernen in der Stube. Ich erklimme die steile, knarrende Treppe zur Dachkammer mit dem schmalen, gemeinsamen Bett für die Schwester und mich und den Nägeln an den schrägen Balken, von denen die Kleider in den Raum baumeln. Durch das Fenster lacht der Mond übers Moor, immer der Vollmond, alle Tage wieder.

Da bin ich oft mit dem Wind über die Weidenbüsche gefahren, habe Rohrkolbenfackeln entzündet, die frierenden Rehe damit gewärmt und die Jäger erschreckt, so daß sie die nächste Jagd abbliesen. Denn die Tiere im Moor, angefangen von den Füchsen bis hin zu den Kreuzottern mit ihren vorwitzigen Zungen, sie alle waren meine Freunde, mit denen ich umzugehen wußte und die ich schützen mußte vor ihren Feinden, vor allem vor den Menschen.

War es nicht gestern, als ich, dreizehnjährig und jüngst konfirmiert, nach Tingleff in Stellung kam? Bei aller Haus- und Gartenarbeit und dem Stickvergnügen in Tisch- und Bettwäsche für die Herrschaftsschränke bis abends um zehn Uhr brannte mir immer die Sehnsucht im Herzen nach unserm Schilfhaus am Rande des Moores. Viele Seufzer habe ich mit eingestickt. Sonntags »nach der Küche«, wenn alles blinkte und blitzte, durfte ich loslaufen und war frei bis zum Abendbrot. Dann bin ich gehüpft und gesprungen, den Mittelweg im Moor entlang, als Gefährten nur den breiten Moorbach neben mir. Ob die Angst nicht manchmal durch das Moor schleicht und im Wasserloch steckt oder sich hinter den Erlenbusch niederkauert, um plötzlich aus der Hölle aufzufahren?

Wie dumm, so zu denken! Die Angst lauert eher in engen, winkligen Gassen der Großstadt, aber nicht in der einsamen Weite des Moores, wo die Seele hochschwingen kann mit den Flügeln der Lerchen und wo Himmel und Wolken Freiheit verheißen bis hin zur Unendlichkeit. Im Moor wächst der Mensch über seine irdische Bedürftigkeit hinaus, bricht auf zum Flug in das gelobte Land seiner Träume und seines Glaubens.

So schwebte ich vorwärts ohne Zügel und Zeit neben mir, bis ich mit meinem Bach beim Mühlenstrom ankam, mit dem er sich vereint, während mich der schmale Steg darübertrug. Da breitete das Schilfhaus weit seine Arme aus und lud mich ein zum Sonntagsfest mit Kuchen und allen Geschwistern in großer fröhlicher Runde. Wir schwatzten, gickelten und hielten die Uhr an.

Abends brachte unser Vater mich in winterlicher Dunkelheit durch das Moor zurück, und es konnte geschehen, daß er meine klamme Hand in seiner warmen, arbeitsharten barg. Dann empfand ich ein Kinderglück, das für eine halbe Stunde zu mir zurückkehrte. Vater und ich schwiegen uns meistens aus, aber ich konnte ihm auch erzählen, daß mir das Erbsenpüree zum Sauerkraut angebrannt war und daß Madame es ungenießbar genannt hatte. Vater zeigte immer Verständnis, und ich war so stolz auf ihn, der die schwerste Arbeit zu leisten hatte, wenn er täglich die Moorgräben aushob.

Wir wanderten einträchtig bis zum Ende des Moores, wo Vater mich in meine Einsamkeit und den Alltag entließ und wieder im Moordunkel verschwand.

Später begleitete mich Jens in die Sonntage des Schilfhauses. Der nächtliche Rückweg durch das Moor schien mir dann gepflastert mit Abenteuern, heißen Wünschen in Silberpfützen, und er führte wohl geradewegs in den heiderosa Himmel. Dann schwoll der Gesang der Sprosser aus den Feuchtgebieten zu beiden Seiten des Weges an, wohltönend mit lautem Crescendo, mal in sehnsuchtsvollem Schluchzen verklingend, dann wieder aufmunternd geschmettert in vielen Strophen, die sich tief in mein Herz senkten, so daß es mir fast zu zerspringen schien von all dem Glück in uns und um uns herum.

Zwei Jahre später heirateten wir, und das Schilfhaus hielt den schönsten Hochzeitskuchen für uns bereit mit Rosinen und Schokolade für das nächste Jahrzehnt.

Zu Beginn unseres Ehelebens hatte ich Jens noch oft mitziehen können auf einen Spaziergang ins Moor bis zum Schilfhaus, das freilich nach dem Tod beider Eltern in andere Hände übergegangen war. Nach einigen Jahren hieß er die Kinder mittüdeln, er habe Wichtigeres zu tun als durch das Moor zu schlendern. So entfernte ich mich oftmals auch innerlich von ihm, was ich mir freilich nicht eingestand. Bei unserer Heimkunft empfand ich sogar ein leises Mitleid, wenn ich ihn vor dem Fernseher festgenagelt fand, dieweil uns der frische Wind im Moor von den sieben Schwänen des Sommers berichtet hatte.

Allmählich schien es meine Aufgabe allein zu sein, mich nach der Arbeit den Kindern zu widmen, und wir knüpften viele Stricke aus Schilf, die uns miteinander verbanden und die sich schließlich um das Schilfhaus schlangen, zu einer Flechtmatte verwoben, die Jens nicht mehr betrat.

Er kochte sein eigenes Süppchen, das mir gar nicht schmekken wollte, mit viel Bier und Schnapskronen, auf dem Fußballplatz, im »Krug« oder vor dem Fernseher gemixt. An meiner Welt nahm er kaum noch Anteil und schloß mich aus seinen »Männergewohnheiten«, wie es hieß, aus. Sicherlich habe ich mich auch kaum um den Zugang bemüht, und all der schmutzige Torf, den er sich um den Hals hängte, stieß mich ab. Ich suchte ein eigenes Leben und fand es auf einsamen Abendspaziergängen in meinem Moor.

Da wallten die nächtlichen Nebel und formten ein Bild von einem Moorkönig, der sein Reich mit Tümpeln, schwankenden Soden und Buschkronen liebte wie ich, der herumstreifte im unwegsamen Gelände und Gräben leichtfüßig übersprang. Die schmalen Blätter der Weiden fügten sich zusammen zu einem bunten Blattmosaik seines Wesens, das, von der Großräumigeit des Moores geprägt, die Größe des Herzens besitzen mußte.

Wen wundert es, daß er plötzlich auftauchte aus Nacht und Nebel, wie man so leichthin sagt, der Strubbelbärtige, der sein Jagdrevier abschritt?

Fortan trafen wir uns abends in aller Heimlichkeit, und mit geschickten Fingern, zugegeben, auch mit Gewalt ließ sich das Hängeschloß vor dem Scheunentor des verlassenen Schilfhauses aufbrechen. Es wurde durch ein Neues ersetzt, zu dem mein Moorkönig und ich den Schlüssel besaßen. Oft brannte schon ein Feuer im uralten Eisernen, wenn ich eintraf, und das Haus wurde wieder zum Kuschelnest.

Die Ehe mit dem Bierfan (ß) zerbrach.

Ich ließ mich nach allerlei Schwierigkeiten meinem Moorkönig antrauen, doch bleibt das strahlende Glück dieser Welt unzuverlässig.

Nach dem frühen Tod meines Moorliebsten zog ich fort, weil mich plötzlich das Moor betören wollte, mich locken mit dem tröstlichen Wasser. Denn nur das Wasser konnte mich ihm näherbringen, das Wasser war immer bereit, das Wasser starrte mich mit glänzenden Augen an und hielt die Brust offen, um mich mit hundert Armen aus Schilf zu umgarnen und einzufangen. Die Moorlöcher gluckste̱n vertraut, und ich vernahm aus der Tiefe immer wieder seine Stimme.

Ich widerstand und fand für meine Kinder und mich eine Existenz im hohen Norden.

Heute hat das Moorwasser seine magische Kraft und Faszination für mich verloren.

Aber das Schilfhaus weiß so viele alte, bezaubernde Lieder und versteht es, leise zu trösten.

Schilderungen von Nis und Lotti Petersen, Tingleff, die mit ihren Kindern vier Jahre lang im einsamen Sølus gelebt haben, wurden der Erzählung zugrundegelegt.

Der Wind weiß von altem Gemäuer

Sommer 1988

»Dort lag damals *æ kloklus**.« Diesen Hinweis unterstreicht Bodil durch eine großzügige Armbewegung, mit der sie die Gemarkungen an den Ufern der Geilau ebenso umfaßt wie die Tannen- und Haselnußhecken, den Waldrand mit Brombeergestrüpp und den leuchtenden Vogelbeeren darüber.

Aus dem Troß der Wanderer schieben sich einige Interessierte vor: *Æ kloklus*? Ein mystischer Name! Fand es sich in den Niederungen des Flußlaufs oder eher linker Hand in der Nähe der Baumgruppe?

»Euch müßte doch der Hügel auffallen«, meint Bodil, die in dieser tellerebenen Gegend beheimatet ist und nicht begreift, daß die kaum wahrnehmbare Erhöhung dem Auge entgeht und nicht respektiert wird. »Das *Kloklus* war weit und breit am höchsten gelegen, und der Glockenton konnte von dort ungehindert hinausschwingen übers flache Land.« Ein Feierabendglöcklein in unserer Gegend?

»Nein, eine Glocke, die nur zur Gefahrenstunde schlug, die statt des in dieser Gegend fehlenden Kirchengeläuts die Menschen rundum warnte, die über Felder und Wiesen bis in die einsamen Höfe hineinrief und verbreitete, was die Menschen erschreckte und zueinanderfinden ließ: Gruppen von abenteuerlustigen Eindringlingen, herumziehende Söldnerhorden vielleicht, auch ein Feuer, das sich in den trockenen Wald oder in ein Strohdach fraß.«

Eine Art Selbsthilfe unter den Bauern?

»Das Gut Stoltelund, in dessen Bereich das *Kloklus* lag, gehörte zum Adelssitz Seegaard, und die Ahlefelder Grafen sorgten dafür, daß sie ihre Leute bei Gefahr warnen konnten.«

* Platt-Dänisch: *ein Glockenhaus*

Damit geben sich die Wanderer zufrieden, doch der eine oder andere mustert mißtrauisch das Waldesdickicht ringsum.

Sicherlich hatte die Glocke früher auch vor Wölfen und Bären gewarnt und die Bauern zusammengerufen zum Kampf gegen die Gegner aus dem Eichenkratt und Waldesdunkel. Lisa schaut zum Himmel und erkennt in den Wolkenballungen angriffslustige Tatzen und aufgerissene Mäuler mit krummen Reißzähnen. Dort im Osten türmt sich eine schwarze Wolkenwand auf und kündigt Unwetter an. Man wird sich beeilen müssen.

Lisa läuft an die Spitze der Wanderschlange und schlägt ein schnelleres Tempo an.

1928

Der siebenjährige Claus nimmt einen sonderbaren Geruch wahr – wie brennendes Heidekraut, als ob der Nachbar Marius die Aale aus der Geilau räuchert. Doch dann entdeckt er oben von seinem Jagdstand aus einen dicken, qualmenden Ballon, der immer weiter aufgepumpt wird gerade über dem *Klokhus*. Wie ein Wiesel gleitet Claus vom Baum, schreit die Schreckensnachricht über den Hof und jagt barfuß die Straße entlang, dem Qualm entgegen. Claus verharrt vor der heißen Hölle. Das *Klokhus* steht in Flammen, lichterloh. Das Haus, das durch Jahrhunderte die Not anderer hinausgerufen hatte, brennt nun selbst. Es kann keine Hilfe herbeiläuten. Es hat keine Glocke mehr.

Gierige Flammen schlagen aus dem Dachstuhl. Schwaden von brennendem Reet stürzen auf die Steinkanten ringsum. Das riesige Gerippe aus Balken und Sparren krümmt sich. Qualm wächst bis in die Wolken hoch. Funkenregen sprüht. Hitze und beizender Rauch brennen Claus in den Augen, beißen in seine Backen, greifen aus dem Feuerbauch mit langen rotglühenden Geisterarmen in den Hof bis zu Claus. Der steht erstarrt vor dem unersättlichen, riesigen Glutrachen.

»Weg hier, Junge, weg! Es brennt!»

Das sieht Claus auch.

Der Flammenspuk hat ihn losgelassen. Claus dreht sich um und läuft den Gänsen nach, die sich zur Geilau geflüchtet haben und davonschwimmen werden. Beim Abendbrot hört Claus die Mutter erzählen, das Feuer sei beim Pfannkuchenbacken entstanden. Heißes Fett wäre ins offene Herdfeuer geraten, und die Stichflamme habe die altertümlich niedrige Holzdecke erreicht und sich gleich hineingefressen.

Claus fühlt sich müde und traurig.

Das uralte *Klokhus* mit der hohen, schützenden Strohmütze war in den Flammen zusammengestürzt.

Lächerlich nichtige Pfannkuchen hatten das *Klokhus* auf dem Gewissen.

Nur das kleine Backhaus, einst in gutem Sicherheitsabstand errichtet, blieb stehen. Darin hielt der Knecht Henrik alle seine Schätze in Koffern und Kartons verwahrt, und die blieben ihm alle erhalten. Claus wußte das wohl, und er freute sich mit Henrik, aber er durfte nicht mit ihm und überhaupt mit keinem darüber sprechen wegen der Versicherungen.

Komisch waren die Erwachsenen manchmal.

Herbst 1988

Hier hatte es also gelegen, das alte *Klokhus*, Lisa hatte es vergebens am heutigen »Klokkevej« gesucht, sie konnte es nur ohne Weg und Steg über aufgeweichte Felder erreichen.

Die Fichtenreihen als Schutz gegen den ewigen Westwind dieser Gegend halten noch Wacht. Hohe Buchen neigen sich weiterhin treulich. Das Baumgeviert umschließt heute nur eine wilde Deponie. Lisas Ärger wächst mit all dem Unrat, der hier ausgesetzt wurde. Da rosten ausrangierte Landmaschinen vor sich hin, Autowracks halten sich mühsam auf Blech, Schutt und Löchern. Schreiendes Plastikbunt klext Farbtupfer dazwischen. Ausgedientes, überzähliges Vielerlei läßt sich hier bequem verstecken.

Lisa sucht nach Atmosphäre, nach einem Hauch von früher und – findet ihn im Singen des Windes in den Kronen der Baumgreise. Der Pflaumenbaumkrüppel bietet noch etwas Wegzehrung an, den letzten Rest von Gastlichkeit.

Alle anderen Bilder aus vergangener Zeit sind gelöscht.

Nur der Wind bleibt und erzählt.

*

Das authentische Material wurde in den Namen geändert.

Æ klokhus (Platt-Dänisch), *et klokkehus* (Hoch-Dänisch), übersetzt »ein Glockenhaus«, ist nicht mit einem hölzernen Glokkenturm zu verbinden, wie er sich oft in der Nähe einer Dorfkirche findet. Am Haus selbst war eine Glocke angebracht, die nur in Notzeiten geläutet wurde.

Es wird noch ein anderer Gebrauch der Glocke genannt: Wenn in der flachen Gegend des Ochsenweges um Stoltelund, teils sumpfig, teils mit Heidekraut bewachsen, von weitem ein Kaufmannstreck gesichtet wurde, hatten die Knechte Anweisung, dem Gutsvogd von Stoltelund sofort die Meldung zuzuleiten. Dann wurden eilig alle Vorbereitungen getroffen für einen Überfall.

Jahrhundertelang hat das *Klokhus* in Stoltelund als solches fungiert. Schon lange vor dem Brand 1928 war die Glocke abmontiert worden, über ihren Verbleib ist nichts bekannt. In diesem Zusammenhang sei auch der Krug von Bommerlund erwähnt. Eine Tonne übernahm hier die Funktion der Glocke. Wenn das Wetter eine Orientierung in der einsamen, öden Gegend des Ochsenweges ohne markante Richtmale erschwerte, schlug man mit einem Holzknüppel gegen die Tonne (Nebelhorn). Der dumpfe Ton wies den Treibern den rechten Weg zum Krug nach Bommerlund (was sich ableitet aus: *at bomme** und *lund***).

* Dänisch: *schlagen*
** Dänisch: *Wald*

Ein altes Haus*

Report über ein bewundernswertes Projekt zur Aktivierung des Handels in ländlichen Gebieten.

In der Einsamkeit der Felder, wo sich die Füchse die Gute-Nacht-Küßchen geben, hatte eine alte Reetdachkate seit längerem beschlossen, das Zeitliche zu segnen und sich aufzulösen. Mauern waren schon vorangegangen. Die Fensterbögen machten es sich bequem.

Nur das Dach hielt seinen intakten Strohschirm über das Dornröschenidyll.

Da fuhr plötzlich ein Campingwagen vor das Reich von Ratten und Mardern, Leute verweigerten ihnen das Gewohnheitsmietrecht, erklärten sich als Besitzer des Anwesens und sannen über Rettungspläne nach. Sehr lange. Was tief schlief, wird nur widerwillig wach.

Endlich reparierten, sanierten und verlängerten sie die Reste der Wasserleitung so weit, daß sie eine Dusche außen über der Haustür einhaken konnten. So bot sich sommers wie winters ein erfrischendes, kaltes Duschbad in kaum berührter Natur.

Als nächstes erschien vor der Einfahrt in die morsche Lindenallee ein Schild, das einleuchtete: *»Busker sælges«* (»Verkauf von Büschen«). Die Hausgreis-Besitzer hatten sich also auf die Anzucht von Büschen verlegt. Land gab's ringsum genug. Fruchtbüsche oder Zierbüsche, alles Buschwerk würde hier in ländlicher Luft bestens gedeihen.

Interessiert fragt der Besucher nach. Die heitere, wenn auch etwas verlegene Antwort lautet: »Du hast falsch gelesen. Nicht *busker*, sondern bukser *sælges***.«

* Die Autorin inspirierte sich bei diesem Stück an einem Haus in der Nähe von Uk / Uge, das im Volksmund »Doras Minde« genannt wird, was soviel wie »Doras Gedenken« bedeutet.

** Dänisch: *Verkauf von Hosen*

Das Haus verfügt über einen trockenen Raum, der sich elektrisch aufheizen läßt seit kurzem. Dort lagern einige hundert Hosen zum Verkauf. Die Tausende sind in der Verwandtschaft einquartiert. »Ja, aber wo ihr doch...«

»Du brauchst doch sicher neue Hosen. Ab sechs Stück gibt's Rabatt. Das Dutzend ist wesentlich billiger.«

Die Hosenposten ziehen den Besucher hinein und breiten ihre überwältigende Farbenpracht aus. Fröhlich, optimistisch, kariert werben sie um Aufmerksamkeit. Auch einfarbig knallebunt schreien sie sich nach vorn. Bonbonrosa lacht vor pädagogenlila und giftgrün. Auffallend breite, kesse Streifen plinkern von hinten. Hosen drängeln sich heran, für den Dreikäsehoch bis zu dem Max(i) mit Bierbauch, eilen aus allen Winkeln herbei von Stangen und Tischen, schieben sich statt der Ellbogen mit Kniekehlen vor, hauen auf den Putz und erschlagen jeden Kaufwiderstand.

Der Einheitsschnitt, von einem extravaganten Hosenhirn ausgetüftelt, besticht: Der extrem tief angesetzte Hosenbund endet knapp über der Po-Ritze, erlesenes Stoffmaterial umschließt straff die Hüften, umklammert eng die Oberschenkel und gibt nach unten überschwenglich Raum für einen weiten Matrosenschlag, der lässig-locker die Fesseln umschwingt.

War das wirklich mal modern?

»Der Stoff ist phantastisch! Unverwüstlich!« Mit Werbesprüchen werden Einwände energisch in die letzte Ecke gefegt: »Unser Tips nur Hosen Schwips«, was wohl auf den weiten Saumschlag anspielt.

Die Hosen fordern vom Träger Mut, Mut zu Design und krassen Farben, Mut zur Mode von vorgestern, Mut zum Bekenntnis zur großen Hosenfamilie »Schwips«, denn als ihr Mitglied ist man schon in Kilometerentfernung zu identifizieren.

Mit einem halben Dutzend »Schwips«-Hosen verläßt der Besucher die einsame Reetdachkate, überzeugt, ein gutes Werk zur Finanzierung der Instandsetzungsarbeiten geleistet zu haben und obendrein zur Ankurbelung der Wirtschaft im ländlichen Raum.

Unterdessen sitzen emsige Hausfrauen des Umlandes über Nähmaschinen und Stricknadeln gebeugt, engen »Schwips«-Schläge ein, lassen aus Hosen Jacken mit Strickeinsätzen entstehen, auch Einkaufstaschen und Rucksäcke aus dem phantastischen Material, schließlich Hundemäntel und Pferdedekken. Auf dem Schulhof bietet sich eine Eintracht, die an englische Vorbilder von Schuluniformen erinnert, zwar kein tristes Schwarz, sondern frohe »Schwips«-Farben für Schüler aller Altersklassen und für Lehrer, die rechnen können.

Inzwischen verfallen »Schwips«-Hosen-Kunden darauf, alle in nächster Zeit anstehenden Geburtstags- u. Weihnachtsgeschenke mit »Schwips« abzudecken und den glücklichen Empfängern gleich zwei Exemplare zu verehren zwecks Inspiration zu einem Set oder auch drei mit dem fachmännischen Rat zur Anfertigung einer Tasche im harmonischen Dreiklang. Fortab begegnen sich die Hundertschaften der »Schwips« überall im Lande. Im Eisenbahnabteil empfindet der Reisende bei der Entdeckung eines »Schwips«-Genossen sofort eine wohltuende, brüderliche Vertrautheit. Bei der Ankunft im Krankenhaus sind alle Hemmungen und Ängste sofort überwunden, als die aufnehmende Schwester dem Patienten herzlich zulächelt: »Die guten 'Schwips' vom Lande sind bei uns besonders gern gesehen.« Beim dritten Großeinkauf in der weltfernen Kate wagt es die Kundin, die indiskrete Frage nach der Herkunft des Hosensegens zu stellen. Die Erklärung leuchtet auch dem ein, der nichts von Merkantilismus versteht:

Eine Hosenfabrik im Norden Dänemarks mußte die Zahlungen einstellen und bot den Gläubigern an, die Schulden in Hosenmasse abzutragen. Als man auf Unverständnis stieß, mußte Konkurs angemeldet werden.

Der Herr des Reetdachdomizils erfuhr von dem preisgünstigen Angebot bei Abnahme der lagernden Restposten. Er kaufte die 3.500 Hosen – oder waren es 35.000? Doch da kommt es auf die letzte Null auch nicht mehr an. Er verteilte sie auf Dachböden und Gästezimmer im nahen und entfernteren Familien- und Freundeskreis, dachte auch an Ermahnungen zum regelmäßigen Lüften, ließ sich den originellen Firmennamen

»Schwips« einfallen und überließ alles weitere seiner tüchtigen Ehehälfte. Er selbst besaß nämlich keinerlei Verkaufstalente, versicherte er, und konnte nicht ein einziges »Schwips«-Exemplar an den Mann und genauso wenig an die Frau bringen, obgleich er imponierende Männlichkeit ausstrahlt. Seiner überflüssigerweise noch anderweitig berufstätigen Frau blieb allein die verantwortungsvolle Aufgabe, in eigenständiger Planung die Organisation von Engros- und Detailvertrieb zu übernehmen.

Fortan sah man sie an den Wochenenden auf allen Märkten in der Umgebung, wie dem Pferdemarkt in Klipleff, dem Schafmarkt in Hoyer, dem Zigeunermarkt in Lügumkloster, aber auch im Gesamtraum des ländlichen Schleswig-Holsteins auf dem eigens dafür angeschafften »Schwips«-Hosen-Laster ihren Stand aufbauen und die Marktbesucher von den Qualitäten ihrer Hosen zu überzeugen.

Und Sie, verehrter Leser, meinen vielleicht, sie verkaufe heute noch und möchten sich in den Kundenkreis einreihen?

Leider muß mitgeteilt werden, daß der Markt für »Schwips«-Hosen nach drei Jahren in der hiesigen Gegend vollkommen übersättigt ist. Trotz drastisch heruntergesetzter Preise und unglaublichem Mengenrabatt suchten immer weniger potentielle Käufer die abgelegene Reetdachkate auf, die doch so dringend der weiteren Reparaturen aus Hosengeldern bedarf.

Es soll hier mit besonderer Anerkennung vermerkt werden, daß die »Schwips«-(Ver)Händler die gesamten Restbestände äußerst preisgünstig unter Minimum an einige kleine Kaufleute in ländlichen Bereichen abgaben, die sie jetzt weit unter Wert verhökern.

Auf Anfragen werden die Anschriften gern mitgeteilt, denn Handel und Wandel auf dem Lande sollen ja gerne in Schwung gehalten werden.

Übrigens schreibt das Leben selbst bekanntlich die besten Geschichten.

Aus Oldemors Erzähltruhe

Barmherzige Jungfrau Miseri Mø

Als einst ein König
auf Jagd in Lebensbedrängnis geriet,
verpfändete er dunkler Zwergenmacht
den eigenen Sohn.

Fünfzehn Jahre der Kindheit
blieben dem Königssohn Vildering
im Vaterschloß vergönnt.

Dann verlangte der Zwerg seinen Lohn
und holte ihn heim
in sein Zauberreich.

Dort traf Vildering Miseri Mø,
Königskind wie er,
doch lange schon im Dienste des Zwergs
hellsichtig geworden und
vertraut mit magischen Mächten.

Sie verstand es,
den Zorn des tückischen Tyrannen
zu beschwichtigen
und zu verhindern,
daß sie beide, die Königskinder,
als Opfer des Kannibalen und seiner Mutter
im Ofen verbrieten.

Auf der Flucht verzweifelte Vildering oft,
wenn er Gefahren herannahen sah.
Dann bat er jedesmal flehentlich

Miseri Mø um Hilfe:
Hilf doch! Finde doch einen Ausweg!

Miseri Mø antwortete:
Helfe ich dir, so vergißt Du mich!
Jedesmal gelobte ihr Vildering die Treue
bis ans Ende seiner Tage.

So wurde er dreimal gerettet
durch Miseri Møs Zauberkraft.

Bei seiner Rückkehr ins Vaterschloß,
zunächst allein,
fiel er durch einen Kuß ins Vergessen.
Er erkannte Miseri Mø nicht mehr.

Mit ihren Zauberkünsten konnte sie nur
die Bewunderung anderer gewinnen,
und mit List hielt sie sich nachts
die Verehrer fern.
An Vilderings Hochzeitstag wurde sie,
das Hühnermädchen (Gänseliesel), hinzugezogen,
um Schäden zu beheben,
denn seine Hochzeitskutsche blieb dreimal
wegen verschiedener Schäden stecken.

Als Dank für ihre Hilfe wurde Miseri Mø
zur Hochzeitstafel geladen,
sie, die Schönste von allen.

Beim Festmahl
warf sie drei Roggenkörner auf den Tisch.
Sofort flogen Taube und Täuberich
von ihrer Schulter hinzu,
doch nur der Täuberich erwischte den Roggen.

Miseri Mø bemerkte dazu:
So enttäuschtest Du sie in ihrer Not.
Für den Königssohn ist Miseri tot.

Der Bräutigam starrte sie an.

Auch die sechs
und danach neun Roggenkörner
pickte nur der Täuberich auf
und Miseri Mø gab dieselben Hinweise.

Mit einem Gleichnis ließ Vildering
die Hochzeitsgesellschaft entscheiden
zwischen angetrauter Braut und Miseri Mø
und erklärte ihnen,
wie sie die Richtige gewählt hatten:
Nicht den silbernen,
sondern den goldenen Schlüssel zum Schrein
hatten die Gäste verlangt.

Die Verschmähte wurde mit ihrer Mutter
ins Heimatland zurückgeschickt.

Die eigentliche Hochzeit feierten
der Königssohn Vildering und Miseri Mø,
seine beschützende Fee.

Quelle: Axel Olrik, »Danske Sagn og Æventyr«, Gyldendal 1968.

Miseri Mø

Mutter Natur
Zauberkräftige
Teufelsspukmächtige
Alleswissende
Sorgende
Schützende
verleugnet
vergessen
hörst du uns
heute verzweifelt
schreien:

Hilf uns doch!
Bei unserer Ehre
nie wieder wollen wir –

Hörst du noch?
Zauberfee

Miseri Mø
rettetest Vildering
den Königssohn
aus allen Gefahren
obgleich du wußtest
daß er
dich später verleugnen
enttäuschen und sogar vergessen würde

Zauberfee
Natur
hilfst König Mensch
obgleich er
dich ausnützt
mißhandelt
und deine Warnungen
immer wieder
ignoriert

Am Rande deines Reichs

Streifst mit dem zartweißen Spitzenvolant
deines Meerkleids den steinigen Strand
Zauberfrau Miseri Mø

hauchst dir brisige Falten ins seidige Grau
schmückst dich mit flatternden Entenflocks
spiegelndem Kieselbunt – wanderndem Schwanenweiß

und malst mir dein meerfrisches Himmelslicht
leise ins sorgende Herz

Die Prinzessin mit den zwölf Paar goldenen Schuhen

Eine kleine Prinzessin
ohne Rast und Ruh,
nur aufs große Vergnügen aus,
verließ jede Nacht das Königshaus
und zertanzte zwölf Paar goldene Schuh.

Prinzessin, wie konnte das gescheh'n?
Keiner hat's bisher geseh'n.

Da erließ der König ein hartes Gebot:
Für des Reiches Ökonomie sei es eben
sehr wichtig, den Geheimnisschleier zu heben.
Doch wer sich melde und nichts erkenne,
in drei Nächten keine Klarheit gewänne,
der sei am nächsten Tage tot.

Dabei war allgemein bekannt,
das hatte die Prinzessin verlangt.

Die Mauern der Stadt haben schon gestrotzt
von Häuptern, teils geköpft,
teils kurzerhand nur aufgeknöpft –
und die Prinzessin hat damit geprotzt,
daß kein Freier weit und breit
erahne ihren nächtlichen Zeitvertreib,
bis daß ein armer Schlucker kam,
der zum Frühstück bei einem Alten verweilt,
sein letztes Brot mit ihm geteilt,
nun als Lohn einen Stock bekam zum Unsichtbarwerden
und einen Ball zum Pfadfinden auf Erden
und der jetzt seine Chance vernahm.

Auf solchen Kopf war die Prinzessin nicht
schrecklich sonderlich erpicht.

Er, der sich alsbald für den rechten
in spé König hielt und die Prinzessin
begehrte – so ein Schwachsinn!
schlief in den ersten beiden Nächten,

und sie, das hartherzige Königskind,
trug das Näschen noch höher im Wind.

Am letzten Abend schlief er zum Schein
gleich ein wie ein Stein.

Doch schlich er heimlich mit Bedacht
steile, verborgene Treppen hinunter
durch Keller und andere Kunterbunter
auf untergründigen Wegen »ihr« nach.

Dabei war er – so viel ist wohl klar –
für die Prinzessin unsichtbar.

Im silber und im goldenen Wald,
durch den das Prinzeßchen geflattert,
hat er Beweisstücke ergattert;
die braucht man halt.

Prinzeßchen wollt sich oft erschrecken,
doch konnte es ja nichts entdecken.

Im Zwergenschloß beim stärkenden Mahl
hat er – unsichtbar – vorgebaut
und auch noch goldene Bestecke geklaut;
das war ihm ganz piepegal.

Nach jedem Hexenkoppheistersteppt anz
war'n Prinzessinnenschuhe nicht mehr ganz.

Da machte er extra lange Finger:
stopft' in den Sack die Gold-Dingel-Dinger.

Nach Hause lief er extra flott!
Weil die Prinzessin »den Trottel« traf
in tiefem, sanftem Dauerschlaf,
mußt er am Morgen aufs Schafott.
Doch diesmal ging es nach drei Tagen
der Prinzessin an den Spitzenkragen.

Er hat nur drauflosgeschnackt
von irren, wirren Zwergenschloßträumen
und von Gold- und Silberbäumen
und Beweismaterialien ausgepackt.

Am liebsten hätt sie ihn als verrückt
in Königs Psychiatrie geschickt.

Doch es stand fest: Der Kluge würd erben –
er mußte nur noch schnell vom bösen

Zwergenzauber viele erlösen.
Der Tyrann sollte sterben;

und die Prinzessin mußte sich bequemen,
diesen Freier anzunehmen.

Kommentare:

Ottfried M., Kaufmann in Flensburg:

Schöne Prinzessin,
Du klassisches Vorbild
für den Konsumenten
von heute
in Wegwerfgesellschaft.
Dein Verbrauch
setzte Handwerk in Gang,
schaffte Arbeitsplätze
in Banken und
im Goldschmiedegewerbe.

Du schöpftest aus dem Vollen,
wußtest Luxus
wahrhaft zu schätzen.
Mein Kompliment, Hoheit!

Ottilie S., Hausfrau aus Kiel:

Also,
über was kanns dich doch wunnern:

Zwölf Tänze
zwölf Paar Goldpumps verschlissen!

Schlackerte sie wohl
fordweers auf die Hacken?
Perrt er ihr
jümmers auf ihre Füße?

Kann ja bloß
Goldblech gewesen sein.

Vielleicht nahmen die damals auch
die Schnut zu voll.
War man bloß Doublé

Franz Ferdinand F., Diplompsychologe aus Hamburg:

Haben Sie die Dänenprinzessin aus dem Mittelalter
als typischen Animus erkannt?
Das männliche Element in ihr war so stark,
daß die Anima-Anteile nur latent-rezessiv
vorhanden gewesen sein können.
Diese Prinzessin war auf Animus fixiert,
auf männliches Denken versessen.
Sie kostete die Macht aus,
war ins Tötungskonzept vernarrt,
erlebte voller Genugtuung das Grauenvolle
und das Grauen.

Daniela R., Feministin aus Berlin:

Das Verhalten der Frau ist doch eindeutig klar! Die sollte verheiratet werden
und wollte nicht!
Einwandfrei in Oppositionshaltung gedrängt!
Wie sollte sich die denn sonst

die Männer vom Hals halten?
Abschaffen war doch das Beste!
Was soll hier das Gequatsche um Gefühle,
Scham, seelische Nöte,
Mitleid, Tränen und Träume?
Verschachern wollte man sie
an wen, der bloß auf ihr Geld aus war.
Da hat sie sich gewehrt, die Kleine.

Ja, das ist 'n Märchen,
was uns in unsern Kram paßt.
Das ist 'n Märchen von heute!

Kong Lindorm, der Drachenkönig

»Es war einmal ein König«, beginnt Oldemor, »der hatte eine reizende Königin, aber keine Kinder.«

»Echt blöd! Lag das am König oder an der Königin, Oldemor?« fragt die Urenkelin Tina dazwischen.

Oldemor läßt sich nicht stören:

»Darüber waren beide sehr traurig.«

»Mann, die mußten sich eben beide untersuchen lassen von irgend so'm Fachidioten.«

Auch diesen Einwand überhört Oldemor und fährt fort:

»Die Königin war besonders unglücklich, daß sie dem Reich keinen Erben schenken konnte.«

»Was mit Reagenzglaskindern?« überlegt Tina.

Jetzt runzelt Oldemor die Stirn, läßt sich aber nicht beirren:

»Als die Königin betrübt vor sich hinsann, begegnete ihr ein altes Weib, das Abhilfe versprach. Die Königin sollte am Abend ein Trinkgefäß mit zwei Henkeln umgestülpt in die Nordwestecke des Gartens stellen. Bei Sonnenaufgang fänden sich zwei Rosen darunter, eine rote und eine weiße. Wenn sie die rote Rose äße, bekäme sie einen Sohn, nach der weißen eine Tochter, aber sie dürfe nicht beide verzehren.«

»Glaubst du an sowas?« fragt Tina dazwischen. »Die Frau hätte ihr lieber Hormonpillen geben sollen.«

Oldemor seufzt: »Nun schluck mal deine neumod'schen Bemerkungen runter, Tina.«

»Ach Oldemor, man muß doch ganz natürlich darüber reden.«

»Ich weiß nicht recht, Kind. Jedenfalls zerreißt du unsere schöne Dämmerstunde und verscheuchst die Märchenkönigin. Jetzt unterbrich mich nicht noch mal! Ich verlier ja jedesmal den Faden. Wo war ich doch stehengeblieben?«

»Bei den Vitaminen.«

»Naja«, lächelt Oldemor, »die Königin sollte freilich eine der beiden Rosen essen, aber nur eine.«

»Sie aß natürlich beide, damit sie Zwillinge kriegte.«

»Da hast du richtig vermutet, und die Königin freute sich sehr, als sie merkte, daß sie ein Kind erwartete.«

»Zwei!«

»Jaja, nur wurde ihr, als die Zeit kam, als erstes ein Lindwurm geboren; der grub sich schnell unterm Bett in den Boden ein und verschwand.«

»Ein Monster? Komisch!«

»Danach schenkte die Königin einem gesunden Prinzen das Leben, und alle vergaßen den Erstgeborenen. Sie verlebten alle eine gute Zeit am Königshof, bis der Prinz erwachsen war und heiraten sollte.«

»Ich denk, mich knutscht ein Elch! Heiraten, Kinder her, so geht das Theater von vorn los!«

»Du hast nicht gut genug aufgepaßt, Tina. Es war doch etwas Unheimliches geschehen...«

»Ja, das mit dem Eichwurm.«

»Du meinst den Lindwurm, den Drachen, der jetzt plötzlich auftauchte, als der junge Prinz in königlicher Kutsche mit sechs Pferden davor sich überall an des Landes Grenzen umsehen wollte nach einer geeigneten Prinzessin. Schon an der ersten Kreuzung versperrte ein Drachenungeheuer ihm den Weg und rief:

»Auf deiner Brautschau
such mir zuerst die Frau.«

Als der Prinz auf eine andere Straße ausweichen wollte, erfuhr er dort denselben Schrecken.

Da mußte er umkehren, und der König ließ durch einen Boten eine Braut für seinen Erstgeborenen herausfinden.

Doch die Prinzessin wurde erst bei der Trauung des Ungeheuers ansichtig, und am nächsten Morgen lag der Lindwurm allein in der Kammer, und alles war voller Blut.«

»Nee, Oldemor, halt auf! Das ist Schnee von gestern. Die Prinzessin soll mit dem Ekel ins Bett gegangen sein?«

»Der König mußte sich also erneut auf Brautschau begeben.«
»Und keiner soll von dem Mord gehört haben?«

»Die Boten des Königs konnten eine zweite Prinzessin ausfindig machen, aber ihr erging es in der Hochzeitsnacht nicht anders.«

»Logisch.«

»Jetzt fand sich kein Herrscher mehr bereit, seine Tochter an diesen Hof zu verheiraten. Da besuchte der König selbst einen alten Schafhirten in seiner armseligen Hütte und erbat dessen einzige Tochter für seinen Sohn.«

»Sünde! Aber sicherlich wußte sie irgendwelchen Hokuspokus, um den Drachen auszutricksen. So ist das oft im Märchen mit den pretty poor girls.

Mach man Schluß, Oldemor, heute sind wir nicht in Stimmung.«

Quelle: Axel Olrik, »Danske Sagn og Æventyr«, Gyldendal 1968.

Landmusikanten unserer Region

Da ist man im Weserland auf jene Stadtmusikanten zu Bremen so stolz. Doch Konkurrenz rückt erst ins rechte Licht. Wir im Norden nehmen es glatt mit ihnen auf im edlen Sängerwettstreit. Unsere Tiere wollen sich messen mit jenen von Bremen. Landmusikanten stehen auf stabilen Beinen, sind begabt mit kräftigen Stimmen und singen ländliche Lieder, Oldies vielleicht, aber die reißen viel Volk von den Sitzen.

Keine Frage, das Rindvieh stellt den festen Grundpfeiler, ganz gleich, ob feister Marschenochs, gekürter Bulle oder die vitale, lebensfrohe Karoline. Sie garantieren mit ihren Massen und ihrem sanften Gleichmut ein schönes Sicherheitsbewußtsein für einen zuweilen schwankenden Oberbau. Ihnen sei Ruhm für alle Treu; nur gering werden sie beeinflußt von den wechselnden Zeichen und Kursen der Zeit.

Ein Borstenvieh erklettert den Rinderrücken und steht in unserm Land als Nummer zwei obenauf. Das ist kein Geheimnis. Zwar hält das Schwein nicht immer, was seine kräftige Stimme versprach. Es singt nicht nach vorgeschriebenen Partituren. Oft grunzt es frech und fröhlich dazwischen, bringt alle Mitstreiter aus dem Takt und kümmert sich einen Dreck um die Souffleure, die verzweifelt aus dem Hintergrund funken: »Bleib stabil! Paß auf, der Einsatz! Gröhl nicht dazwischen! Du singst falsch, Dusselschwein! Hör auf die anderen Solisten und beachte die sensible Wirtschaftswelt um dich herum!« Ach, jeder gute Rat und jeder Appell bleiben vergebens. Das eigenwillige Schwein verlangt die Sondernummer, den Einzelauftritt. Wohl dem Dresseur, der die listigen Augen dauernd im Auge behält und sich nicht verläßt auf die vertrauten Wege und auf gegebene Sicherheiten. Dann bleibt das Schwein oben und grunzt den sonoren Alt im bekannten Repertoire unseres Lebens.

Wer stellt den dritten Sänger? Suchen wir nach einem Adler, den man einst den deutschen nannte. Wir müssen uns gründlich umsehen, bevor wir seine mächtigen Schwingen entdekken, das stimmt schon. Aber es müßte ihn in letzten Revieren noch geben, den Fischadler, der seinen Raum verteidigt und vielleicht mit dem Schnabel hackt, wenn seine Freiheit und sein Recht angetastet werden.

Wer fürchtet die Krallen an den Fängen?

Keine Bange, die sind artig geschliffen! Freundlich eingezogen in weiche Zehenpolster und Daunenkissen!

Der Zahme stößt seinen Schrei eigentlich nur auf dem heimischen Horst aus; doch läßt er sich mit viel Geduld auch zu einer konzertierten Aktion anleiten und bereichert dann mit heiserer, herrlicher Stimme das Quartett unseres Grenzlandes: «Æ å! Ick ok!« Hat man ihn einmal im kleinen Chor verpflichtet, singt er äußerst zuverlässig mit.

Fehlt also nur die Spitze, das Tier, das für leicht befunden und auf anderen thronen kann mit hurtigem Flügelrhythmus und das sich mit kräftiger Stimme einmischt und durchsetzt. Stumme Tiere wie der Hoyer-Aal oder die Apenrader Makrele kommen insofern gar nicht in Betracht.

Nein, es ist die Ente, die oben auf den andern schaukelt und sich behauptet auf jedem Platz, auch auf dem höchsten. Da braucht man kein seltenes Exemplar zu verpflichten, nichts mit Plüschkopf, Scheck oder gar mit Trauer. Die simple Krickente tut's. Die ist lieb und leicht, und man kann sie überall beim Wickel nehmen. Mit ihrem unauffälligen Gefieder fügt sie sich gut dem Gruppenbild ein und schmückt doch dezent mit schwarz-grünem Spiegel; ja, schwarz und grün als den Farben, die sich harmonisch einpassen in das Panorama von Natur mit Zukunftscharakter.

Mit schnellen Flügelschlägen kann sie manchem gefährlichen Manöver ausweichen und dem edlen Adler auf dem Gefieder pendeln als neckender, neckischer Zeitvertreib. Ihre Plapperstimme krönt gekonnt das ländliche Stamm-Musikanten-Quartett und führt es zu letzter Vollendung: »Jäjäjä jäjäjä!«

Freund – glaub auch du
an Stabilität der Kuh
ans lukrative Schwein
an freies Adlersein
bis Enten schnattattattern zur Ruh –

Auf dem Weg mit der Schnitterin von Ballum

Die endlos lange Straße führt auf den riesigen, roten Backsteinklotz zu, holperig, unwegsam, voller kleiner Stolpertücken, mit Hundekot und losen Steinchen auf dem Blaukopfpflaster, so daß sie strauchelt in ihren Hochhackigen.

Hatte es eigentlich nur Steine in seinem Leben gegeben, die immer wieder ihr vor die Füße gekollert waren? Immer neue lästige Hindernisse, seit sie ihn geboren hatte, ach nein, vorher schon. Hineingedrängt hatte er sich in ihr Leben, das bis dahin ganz amüsant gewesen war, kalkulierbar im Büro, organisierbar in der Freizeit und an den Wochenenden höchst annehmbar, genießbar im wahren Sinne des Wortes.

Sie fiel aus allen fidelen Wolken, als er sich ankündigte und ihr den harten Ernst des Lebens auftischte. So war der Ausgang des Spielchens nicht gedacht! Immerhin hatten sie geheiratet, und sie war in einem Traum aus Tüll, Rüschen und Maiglöckchen eine entzückende Braut gewesen; das hatte ihr jeder bestätigt. Doch bald danach begann ihr Körper, alle Nähte unter Druck zu setzen, und ihre gertenschlanke Taille, auf die sie immer stolz gewesen war, blieb fortan nur eine wehmütige Erinnerung.

Geburt und Schwangerschaftsurlaub konnte man vergessen. Die vielen Mahlzeiten, die ein Baby einfach verlangt, ohne Rücksicht, auch mitten in der Nacht, fordert, teilen die vierundzwanzig Stunden ein in Pflichten, Aufopferungsbereitschaftsdienst der Mutter, versteht sich, rund um die Uhr. Zwar wirkte es rührend niedlich, wenn ein Babyköpfchen rosig an der vollen Brust lag, aber man mußte sich immer bezähmen und kontrollieren, daß man nicht aller Trinklust nachgab; denn reichlich Milch läßt das Bindegewebe des Busens erschlaffen, und ein hängendes Gesäuge unterm Pulli ist wahrhaftig kein reizvoller Anblick. Also hieß es wiegen und zufüttern, beschwerlich, zeitraubend und teuer.

Sie folgt einer jungen Frau, die eilig den Kinderwagen vor sich herschiebt. Sicherlich bringt sie ihr Kind zur Kinderkrippe, das hatte sie auch zur Genüge exerziert. Immer hieß es planen, packen, pünktlich präsent sein, die »P«s wurden ihr abverlangt bis zur praktisch-patenten Popo-Pflege. Und ihr Mann? Der blieb ein freundlicher Schatten, der wedelte herum und war nie greifbar. Aus seiner, nach seinen Angaben allgemein männlichen Sicht hieß es, das sei ihr Baby und ihr Problem. Die meisten Männer wünschten keine Kinder, und sollten sie doch dazu verführt worden sein, mußten sich die Frauen abfinden, damit hängen zu bleiben.

Hatten sich ihr nie mütterliche Gefühle ins Herz geschlichen? Sie schmunzelt einen Wimpernschlag lang, als sie einen Luftballon entdeckt, der sich auf einem Rotdornkrüppel an der Ewigkeitsstraße festgehakt hat. Im faden Gummiblau schimmert eine Träne, pardon eine Zähre ihres alten Lehrers Schönfeldt. Sie stellte sich jedesmal ein, wenn er voll innerster Anteilnahme die rührselige Geschichte der Schnitterin von Ballum vortrug. Wohl siebenundzwanzigmal hatte er berichtet von der Mutter, die sich für ihren schuldigen Sohn zu Tode schuftet, und zum Schluß zog er andächtig sein Leinentuch und wischte sich über die Augen. Darauf hatten sie alle gewartet und heimlich frohlockt über den Tribut von Gefühlsduselei des Alten. Nein, die Schönfeldt-Mutter gehörte vergangenen Zeiten an, solche Närrinnen waren Mütter heute nicht.

Aber ihr kleiner Fratz war oft süß gewesen mit seinen rotgoldenen Locken, besonders in dem marineblauen Hemd, das sie ihm genäht und mit tanzenden Mäusen bestickt hatte. Leider sahen Milchflecke eklig darauf aus, und nach einer einzigen Mahlzeit konnte der eben noch adrett gekleidete kleine Kerl in Schmier kleben. Ja, wenn sie an die Schnitterin von Ballum dachte, deren Kind hatte wie seine Mutter in den ältesten Klamotten gesteckt, auf Manieren und Hygiene hatten die kaum geachtet. Ihr kleiner Kleckerjan hatte sich auch mit Schmatzschnute anschmusen dürfen. Bargeld zum Kauf von neuen Textilien hatte immer gefehlt, und einer Witwe war damals ohnehin das Lachen für alle Zeiten vergangen.

Ihr Blick streift den nächsten Rotdorngreis, der, in die Pflasterung eingepfercht, ein kümmerliches Dasein fristet. Ihr Kleiner hatte es eigentlich nicht immer leicht gehabt. Kinderkrippe, Kindergarten, abends die enge Wohnung, überall hatte er Schranken erlebt, Grenzen akzeptieren müssen. Der Umzug hatte ihn herausgerissen aus den vertrauten Umgebungen. Ihr Mann hatte in einer größeren Stadt eine besser bezahlte Anstellung gefunden, zunächst als Mechaniker in den Werkshallen, später im Außendienst der Firma. Da hatten die Finanzen immer gestimmt, aber ihr Mann kam nur am Wochenende nach Hause, ohne Geduld für das Kind. Sein Blick für den Kleinen war das Fotoklick gewesen, und sie hatte wirklich niedliche Bilder aus der Zeit im Album. Doch nach zwei Jahren hatte sich ihr Mann etwas Jüngeres ohne Kind angelacht. Der Junge wurde ihr endgültig zugeschoben und hatte ihr fortan das Leben diktiert, jeden Tag, jedes Wochenende und die beiden Ferienreisen.

Sie guckt sich um. Gut die Hälfte der langgestreckten, eintönigen Straße hat sie geschafft. Der Blick zurück, zurück in die Jahrhunderte. Die gute Frau aus Ballum hatte nur ihr Dorf und den heimischen Kochtopf gekannt. Ihr Denken kreiste um Arbeit und Kind, fing sich an den windschiefen Ulmen um den Kirchhof und in den Wolkeninseln, über denen ihr das Himmelreich versprochen ward. Vielleicht wanderte sie zweimal im Jahr mit ihrem Kind an den Nordseestrand und war pünktlich zum Abendmelken wieder zurück.

Die schnurgrade Straße will kein Ende nehmen, und sie merkt, daß ihre Schritte kürzer und zögernder auf den feindlichen roten Kasten zugehen. Warum nimmt sie den beschwerlichen, beschämenden Weg überhaupt auf sich? Warum sucht sie ihn auf, der ihr alle Mühen mit grobem Undank entgolten hat? Was zieht da hinter die Backsteinmauern ohne Fenster? Wer ist er heute?

Schon zu Beginn der Pubertätsjahre war er in das städtische Dunkel hinabgetaucht, hatte sich mit zwielichtigen Gestalten herumgetrieben und die Schule vergessen. Oft torkelte er erst in den Morgenstunden an und riß sie aus ihrem leichten, unruhigen Schlaf. Ein schlimmes Ende würde es nehmen, das hatte sie ihm oft prophezeit, sie hatte das Unheil herannahen sehen, aber er hatte alle Warnungen in den Großstadtwind geschlagen.

In welchem Dickicht sich der Sohn der Schnitterin wohl verfranst hatte? Verhallten die Mahnungen der Mutter auch ungehört? Hatte sie auch vergeblich auf Gerechtigkeit gehofft, auf den verdienten Ausgleich für die Mühen einer Mutter? Dankesschuld hatte er nicht verspürt, stattdessen Schuld auf sich geladen, einen solchen Batzen, daß die Mutter sich in ihrer Verzweiflung in den eigenen Tod hineingerettet hatte. Ihr Tod wurde ihr zur Erlösung, und das verheißene Himmelreich gehörte ihr.

Es graust sie, als sie vorwärtsläuft, dem großen Tor entgegen, hinter dem die Freiheit ausgeschlossen bleibt. Sie ist allein auf dem Weg zu Schande und Schuld, auf dem Weg einer Mutter zu ihrem Sohn. Auf dem Weg wohin?

*

Die Schnitterin von Ballum

Der einzige Sohn einer Witwe in Ballum war eines schweren Verbrechens angeklagt und schuldig befunden. Da er zum Tode verurteilt war, eilte die Mutter in der Angst ihres Herzens zum Gerichtsherrn, dem Grafen von Schackenburg, warf sich ihm zu Füßen und bat flehentlich um Gnade für ihren Sohn, den einzigen Trost und die einzige Stütze ihres Alters. Schon stand die Sonne im Mittag; da sprach der Graf, um das flehende Weib loszuwerden: »Kannst du noch, ehe die Sonne untergeht, mir drei Äcker Gerste schneiden, so soll dein Sohn frei sein.« Da ging die Mutter aufs Feld und schwang die Sichel; ein Schwaden sank nach dem andern nieder; sie schaute nicht um und auf, bald lag der eine Acker, dann der zweite, und eben als die Sonne verschwand, fiel der letzte Halm. Aber von der übermäßigen Arbeit erschöpft oder vor Freude über das erhoffte Gelingen, sank sie selber zusammen, und man trug sie tot vom Felde. Auf dem Kirchhof von Ballum liegt sie begraben. Auf ihrem Grabstein sieht man eine gebeugte Frau, die einige Garben im Arm hält.

(Nach Müllenhoff)

Herrinnen auf Wold

Für die Lyrikerin Margarete Jacobsen

Den Vormittag verarbeitet Margarete, Herrin auf Wold, zumeist in der Küche, füllt Quittenmus heiß in Weckgläser, backt drei Apfelkuchen, davon zwei zum Verschenken, und kocht in der restlichen Zeit ein schmackhaftes Mahl.

Herr Peter lächelt ihr zufrieden zu, der tüchtigen Hausfrau und Mutter der Kinder, der *Farmor**, im silbrigen Haarschmuck, für Peter bleibt sie zeitlos schön, seine Herrin auf Wold.

Den Nachmittag widmet sie dem Garten, lichtet Feuerdorn und Forsythien und trifft freudig überrascht im dichten Buschwerk nahe dem alten Wallgraben eine ihr vertraute, anmutige Gestalt, die Herr Peter noch niemals gesehen, obgleich sie ihn schon oft umschwebte und sanft berührte. Nur Margarete vermag sie zu entdecken: Ida, einst dem Junker Vigo von Wold vom Pfarrer in der Warnitzer Kirche angetraut, doch ermordet, bevor sie auf Wold einzog.

Sie zwinkern sich zu, Margarete und Ida, denn sie fühlen sich verbunden im Geiste, in ihrem weiten, poetischen Land.

»Höre nur, Schwester, du weißt,
wie ich dir gerne vertraue,«
flüsterte Ida so leicht,
»doch sag, sprachst du nun mit Peter,
Herr hier auf Wold und dein Mann.
Du mußt die Wahrheit ihm bieten!«

Aber Margarete entgegnet freundlich bestimmt: »Wir verhalten uns heute anders, Ida. Wir hüten als Frauen unsere kleinen Geheimnisse und verbergen dem Gatten gekonnt, was er am Ende doch nicht versteht, so auch, wie du hier oft durch den Park streifst.«

* Hoch-Dänisch: *Großmutter väterlicherseits*

»Leichtfertig ist Euer Wort!
Es sträubt sich mir das Gewissen.
Ida, die Nonne ich war.
Im Kloster lebt man der Wahrheit,
Gott unserm Herrn geweiht;
doch ich gelobte einst Vigo
treulich sein Weib ihm zu sein,
in Lieb und Ehr ihm verbunden.
Nie eine Tat zu begeh'n,
die ihm allhier blieb verborgen.
Gastfrei das Haus stets auf Wold,
nur frei für ihn meine Sinne.«

»Ja, aber Ida«, wundert sich Margarete, »du konntest doch nicht Nonne und zugleich Junker Vigos Frau sein!«

»Mich hatte Vigo geküßt
als Braut, daheim auf Burg Helnäs.
Gast war er dort und mein Lieb
zur Zeit des heiligen Christfests.
Damals gelobte ich ihm, ewig
die Treue zu halten.«

»Dann durftest du doch keine Nonne werden, Ida!«

»Ach, mein Herr Vater versprach
mich dem andern, Graf Karsten (von Odde).
Das war ein kläglicher Mann, doch reich.
Und viel ihm verpfändet.
Helnäs, das Gut, war schon sein.
Nur ich, das Kind, konnt' es retten.

Höhnte Papa: Eine Kirche
in Warnitz Vigo soll bauen!
Ida ist Braut von Graf Karsten.
Würde die Hochzeit nichts werden,
Nonne sollte sie sein!
Zum Teufel, Vigo und Kirche!«

»Eine verzwickte Geschichte!« Margarete schüttelt mißbilligend den Kopf. »Aber schließlich war das doch deine Entscheidung. Liebtest du nun den Junker Vigo oder warst du später in Karsten von Odde vernarrt, und der Handel deines Vaters, die Tilgung der Schuld auf Gut Helnäs am Tage deiner Hochzeit, kam dir gerade recht? Sonst läßt man sich doch nicht so einfach verschachern!«

»Schwester, Du kennst nicht die Zeit,
in der wir damals erzogen.
Kind, in Männer Gespräch
paßt nicht der Weiber Geschwätz!
Derart verfuhr mein Papa und
schnell ward die Hochzeit gerüstet.«

»Ida, ich wär einfach nachts auf und davon...«

»Scheu und gehorsam war ich;
doch hofft' ich heimlich auf Vigo.
Wahrlich! Er kam übers Eis,
von Warnitz rüber nach Fünen
lief er und mit ihm sein Heer.
Schnell war Helnäs besieget.

Mich hat umschlungen mein Vigo,
führt mich strandwärts aufs Eismeer,
trug mich auf Packeis davon.
Doch furchtbar hört ich die Stürme
brausen von Westen mit Tau.
Weit draußen gab es nur Treibeis.«

»Das kann ich mir denken. Von Warnitz nach Fünen trägt das Eis nie. Jetzt wohne ich schon dreißig Jahre hier auf Wold und habe so manchen Eiswinter erlebt. Aber solche Flucht kommt mir ganz unwahrscheinlich vor. Das Abenteuer hätte ich nie gewagt! Das wäre mir ungeheuerlich erschienen.«

»Schwester, du sprichst nur zu wahr!
Die glatten, schaukelnden Schollen
zogen uns fort mit dem Strom.
Es schwanden mir meine Sinne.
Vigo, mein Liebster, ertrank.
So furchtbar brach es zusammen.«

»Eure verzweifelte Situation kann ich mir wohl vorstellen. Aber – hattet ihr keine Notsignale dabei, Ida?«

»Fremd bleibet mir dein Gemüt!
Doch höre, wie Gott mich beschützte:
Starke und mutige Fischer
fanden mich und die Zofe
fast von der Kälte erstarrt.
Wie seltsam war unsre Rettung!

Doch wußt′ ich, Vigo war tot.
Als Nonne wollt ich ihm folgen.
Bald von der Scher′ fiel mein Haar.
Des Klosters Nacht sollt mich bergen,
Ruhe und Trost sich senken
tief ins trauernde Herze.«

»Das scheint mir aber reichlich voreilig, Ida. Bei gefährlichen Wetterstürzen werden die Küstenregionen immer wieder kontrolliert, und möglicherweise wurde dein Vigo gerettet. Ich hätte mich erstmal bei den Fischern gründlich erholt, wär′ im Sommer täglich an den Strand und zum Schwimmen gegangen. Du hättest dich deines wiedergewonnenen Lebens von Herzen freuen sollen und dann mal ′ne Suchmeldung aufgeben.«

»Wär′ ich dem Rat doch gefolgt!
Fürwahr, es lebte mein Vigo!

Fand mich im Nonnengewand,
und trotz des Einspruchs vom Kloster
führte er mich doch nach Wold,
in Warnitz Kirche zum Altar.«

»Nein, Ida doch! Da hätte ich nun wirklich Bedenken gehabt. Wem die katholische Kirche erstmal das Gelübde abgenommen hat, den gibt sie nicht frei. Deinen Nonnenschwur durftest du nicht so mir nichts, dir nichts brechen. Da wäre ich, verflixt nochmal, abergläubisch gewesen.«

»Freundin, du fürchtest zu Recht.
Noch eh die Trauung vollendet,
sah ich ein erdfrisches Grab,
wo vorher keines gewesen.
Wer mich auch immer erstach –
das Grab blieb mir in der Nähe.

Wold und die Warnitzer Kirche,
sie sind mir ewig verbunden.
Ahorn und Hügel und Stein,
sie steh'n zu meinem Gedächtnis.
Ida von Helnäs ward hier
in Ehren christlich begraben.«

»Ich bring dir mal ein paar Rosen von Wold, Ida. Von meinen altmodischen, echten Duftrosen werde ich dir einen Ableger pflanzen. Aber sag mal, wo blieb denn dein Vigo? Der hatte dich doch beschnackt zur Trauung.«

»Weit bis Jerusalem kam er
als armer Pilger gewandert,
flehte am Grabe des Herrn
verzweifelt büßend um Gnade,
kämpfte mit Türken um Ruhm
und kniet' in Rom vor dem Papste.

Fand weder Ruhe noch Rast.
Die Welt, sie blieb ihm vergället.
Neben mir fand er sein Glück.
Im Grab, gemeinsamer Stätte,
hier nun sind wir vereint,
geläutert nach Liebe und Leiden.«

»Ja, Ida, ich betrachte dich als eine meiner rechtmäßigen Vorgängerinnen hier auf Wold. Du bist uns immer herzlich willkommen, gern auch zur Nacht in unserm schönen Park, da kannst du dich mit deinem Vigo auf der Mondscheinbrücke umsehen. Mein Mann, der Peter, wird euch nicht stören.«

»Heimlich schon kehrte ich ein
und gab dir suchende Sinne,
Dichterin solltest du sein,
den Kuß der Musen verspüren.
Wie Wasser aus Wurzelvertiefung
vom Grab konnt' lindern die Schmerzen,

so kannst du Wunder bewirken.
Trau der Macht guter Worte.
Meine Zeit ist vorbei.
Nur Sage blieb noch und Kirche.
Doch du sprichst von heutiger Zeit.
So sinne, prüfe und schreibe...«

Quelle: »Junker Vigo. Eine Sage aus dem Sundewitt«, Poetische Erzählung von Adelbert Dreesen, Hadersleben 1890.

Antiquitäten

Es war früher Statussymbol einer Frau, die Wohlhabenheit ihres Liebsten oder Gatten damit vorzeigte, von Tondern bis Hadersleben und nach Amager. Ihn kostete es einen halben Jahreslohn. Sie trug es beim Kirchgang zur Schau in einer Hand, darunter das Taschentuch und die Bibel. In der Gegend um Hadersleben stellte es den Blickpunkt eines Blumenstraußes dar, von Grün drapiert. Es wurde vom Goldschmied in vielen Arbeitsstunden als kleines Kunstwerk angefertigt und mit bis zu hundert Glassteinen verschiedener Größe in Rot und Grün verziert. Um die Mitte des 19. Jahrhunderts fand man zu schlichteren Formen mit nur einem Kopfstein zurück. Heute stellt es eine der begehrtesten dänischen Antiquitäten dar. Ein Schnitzer und Bäcker in Hjerpstedt hatte am Ende seines langen Lebens als Sammler zwei Schubladen voll der kostbarsten Objekte vorzuweisen, doch konnte er sich von keinem trennen, obgleich ihm Tausende von Krönlein für das letzte, reparaturbedürftige geboten wurden, für ein einziges Riechfläschchen*.

*

Einer von Zwölfen, der Mahagonistuhl; ein behäbiges Sofa mit gewaltigen Schnitz-Schnecken an den Armlehnen und ein ovaler Ausziehtisch lassen die Eßzimmergarnitur vollkommen sein. 1813 wurde sie in einer Flensburger Tischlerei angefertigt zur Hochzeit von Margarete Marie Bruhn, Straagaard, der einzigen Schwester unter sechs Brüdern (darunter der bekannte Schiffsreeder Jørgen Bruhn Straagaard**) mit Kapitän Jacob Bendixen auf Stollighof. Ihr Sohn Jep Bendixen erbte Hof mit Möbeln und vererbte weiter an den Sohn August, Stollighof.

* Auf Dänisch: *hovedvandsæg*

** Leser von Ingrid Brase Schloes Buch »Grenzlanddrosseln« wissen, daß Jørgen Bruhn Straagaard der Erbauer des Waldrestaurants »Knapp« ist!

Heute dient die Garnitur, vollzählig und unbeschädigt, der einzigen Tochter, Helene Huusmann, geborene Bendixen, zum täglichen Gebrauch.

Das Firmenzeichen der Flensburger Tischlerei ist im Stuhlrahmen unter dem Polster eingebrannt (Jep Bendixen war Mitbegründer der Knivsberggesellschaft).

*

Der Herzog Christian August II. von Augustenburg, Besitzer des Gutes Aarup bei Apenrade – ein leidenschaftlicher Jäger – verlor seinen Spazierstock auf der Jagd in den Wäldern von Aarup dreimal, und dreimal fand ihn der Bauer Hans Jepsen, der mit anderen Bauern aus Röllum und Stubbeck vom Herzog zu Kutsch- und Treibdiensten verpflichtet worden war. Als Hans Jepsen ihn das dritte Mal ablieferte, sprach der Herzog: »Dreimal habe ich den Stock verloren, und dreimal hast du ihn gefunden und mir zurückgebracht. Es scheint so, als solle der Stock dir gehören, und weil du ein ehrlicher Finder bist, schenke ich ihn dir.« Seitdem befindet sich der Spazierstock im Besitz der Familie Jepsen, Ligaard. Der Urgroßvater Hans Jepsen vermachte ihn dem Großvater Asmus Jepsen. Vom Vater Jes Jepsen wurde der herzogliche Stock dem Sohn Asmus übergeben, der ihn bei der Abgabe des Hofes wiederum seinem Sohn Jes Jepsen überließ.

Im Jahr 1725 hatte der Augustenburger Herzog Christian August I. das Gut Aarup erworben. Herzog Christian August II. besaß in dritter Generation und als der letzte Augustenburger das Gut Aarup, da 1850 alle Besitztümer des Herzogs vom dänischen Staat konfisziert wurden.

*Bedstefars** Kochbuch

Ein Festessen im großen Familienkreis pflegte der Großvater mit zwei kulturellen Beiträgen zu bereichern. Er spielte auf der Querflöte seines 1864 gefallenen Vaters im unteren Flur, wo ihm die Akustik besonders wirkungsvoll erschien. Alsdann las er aus dem Familien-Kochbuch von 1788 vor, »verfasset von einigen Frauenzimmern in Hamburg, mit Churfürstlich Sächsischer Freyheit«.

Das leitete er immer in ähnlicher Weise ein:

»Nun hört, nach welchen Rezepten mein liebes Emmchen die heutigen Köstlichkeiten zubereitet hat«, worauf Emmchen empört die roten Bäckchen schüttelte, denn sie kochte in unserm Jahrhundert weitaus geschwinder und sparsamer als die Frauenzimmer von 1788. Hier folgen einige alte Rezepte:

Kräftige Bouillon

Nach Proportion nimmt man ein Stück mageres Rindfleisch und einige alte Hühner, und setzt selbiges in einen wohl verzinnten Topf mit Wasser und ein wenig Salz zum Feuer, wenn solches kocht und wohl abgeschäumt ist. Nach zwey Stunden fügt man ein Stück magres Kalbfleisch hinzu. Wenn nun selbiges wiederum ein Paar Stunden gekocht, kommen ein Paar gelbe und einige Petersilien-Wurzeln nebst einer weissen Zwiebel, einen kleinen Kopf Savoyen-Kohl, einem guten Gebunde Sellerie und Bourré, einer halben Muscatennuß oder Muscatenblume hinzu. Dieses alles muß noch vier Stunden kochen, aber ganz sachte, daß man es kaum sehen kann, hernach gießt man selbiges durch einen Sieb und setzt es zugedeckt hin, daß es warm bleibt, bis man es braucht.

* Platt-Dänisch: *Großvater* (ländlich-altmodischer Ausdruck)

Rinderkopf

Wenn der Ochsen geschlachtet und recht ausgeblutet, schneidet man den Kopf und einen langen Nacken mit Haut und Haaren ab; will man den Kopf schwarz haben, brennet man das Haar mit glühenden Eisen ab; hernach muß selbiger in heißen Wasser abgebrannt und der Kopf wohl zugeputzt werden; dann kocht man selbigen in halb Wein, Wasser, Eßig und Salz, fein Gewürz, Wachholderbeeren, und allerley feine Küchenkräuter ganz gahr, denn läßt man selbigen in den gekochten Sachen stehen, bis er kalt wird. Nachher wird er angerichtet, als ein wilder Schweinskopf.

Gammeldags roser*

Oldemor
verehrte mir
den Strauch
aus Duft
und Flattertand
aus ihres Gartens Zier

Rosenduft
verweht im Wind
trägt Seufzer her:
Mein Kind
so achte mehr des Ernteguts
für Rosenkonfitür

* Dänisch: *Rosen aus der guten alten Zeit*

Rosengelée

Zwey Pfund Rosenblätter werden in einer zinnernen Schüssel mit kochendem Flußwasser eingesprengt; so bleiben sie eine Nacht über zugedeckt stehen. Des Morgens wird ein halb Quart Rheinwein darauf gegossen. Man deckt die Schüssel recht feste zu und läßt es darin eine Stunde auf Kohlen kochen. Nachher werden die Blätter sehr ausgedrückt und einige Tropfen Rosenöl dazugethan. Solange diese ausgedrückte Rosenessenz warm ist, muß sie zugedeckt bleiben, sonst verfliegt das Feine davon; ist sie kalt, so wird sie durch einen Filstrichter in eine Bouteille gefüllt, und bis man sie braucht zugepropft. Alsdenn wird der Stand von anderthalb Pfund Hirschhorn bis zu ein Quart eingekocht und hinzugetan, desgleichen drey viertel Quart weisser Wein, ein viertel Zucker, der Saft von drei Citronen. Dies wird mit Eyerweiß gekläret, und dann läßt man es einigemal durch einen Gelée-Beutel laufen, zuletzt thut man in eine Form oder Schüssel die Hälfte von der Rosenessenz, und läßt es dazu laufen. Die übrige Essenz hebt man gut zugepropft in einer kleinen Bouteille auf.

Ein Büschelchen Reseda
bläßlich zart gestrig
duftet betörend
nach Abendröte
Spatzen im Strohdach
und Oldemors
Rosen-Gelée

Ein Rezept von heute

Zubereitung von Grenzlandstrudel

Nachdem der Teig gut geknetet und gesäuert, auch etliche Jährchen abgestanden und zur Ruhe gekommen, wird er gewürzt mit einer Handvoll Sprachenmix, einer frischen Brise Ostseelaunen und die Treibkraft Nordsee daruntergeschlagen. Man mengt nach Gefühl Rosinen und Sukade aus den hübschen Städten darunter, fügt aus Feld, Wald und Heide natürliche Duftstoffe bei und rührt sinnig um mit dänischer *hygge**.

Scharf und heiter gebacken, bietet der Strudel gesunde schleswig-holsteinische Vollwertkost, angerichtet mit bekömmlichen Karoline-Saucen aus viel Milch und Honig.

Der typische Geschmack des knusprigen Gebäcks reizt jeden Gaumen und wird täglich neu verlangt.

* Dänisch: *Gemütlichkeit*

Oldemors Yorkshire

»Søde lille Ottokær«*

Ich bin Oldemors Hundchen
thron bei ihr auf dem Schoß
für ein gemütliches Stundchen.
Mir geht's hier famos.

Refrain:
Ich bin Oldemors Yorkshire,
*søde lille Ottokær**.

Ich bin heut schon gestriegelt
vom Kopf bis zum Schwanz,
mein Schleifchen, gebügelt,
prangt im Kopfhaarkranz.

Refrain

Ich hab sie schon geführet
an der Leine ums Karree
und nahm, wie sich's gehöret,
zwölfmal mein Bein in die Höh.

Refrain

Ich bin Oldemors *konge***
so viel steht fest,
und bewach bis zum fighting
unser Oldemor-Nest.

* Dänisch: »*Süßer kleiner Ottoliebling*«
** Dänisch: *König*

Refrain

Ich hab hier das Sagen,
beherrsche ihr Herz
und werd sie mal fragen
nach'm Hundecape aus Nerz
und dann geht's erst richtig los:

Ich bin Oldemors Yorkshire!

Kaffee für Oldemor

Kaffee ist das dänische Nationalgetränk, von morgens bis spät überall getrunken.

Bei seltenen Gelegenheiten läßt er sich mit einem Schuß Schnaps - woher wohl? - angenehm würzen und wirkt anregend und bekömmlich; denn ein Teufel treibt bestimmt den andern aus, sagt man bei uns.

Schlimm also für den, der diesem köstlichen Getränk nicht frönen kann.

Wenn ich ein Kaffeetrinker wär...

Ihr laßt mir keine Ruh
und plagt mich immerzu,
bis ich ein Kaffeetrinker wär -

Als Gast wär ich beliebt,
wo's guten Kaffee gibt,
wenn ich ein Kaffeetrinker wär -

Ich wär doch endlich mal
Paul und Paula nicht egal,
wenn ich ein Kaffeetrinker wär -

Ich machte viel Trara
und schnackte schnabbeldirabbeldira,
wenn...

Man nähme mir ganz keck
die lange Leitung weg,
wenn...

Mein Herz schlüg superschnell!
Ein Arzt wär nicht zur Stell,
wenn...

Ihr kämet nie zu Wort,
ich reeste jeden fort,
wenn...

Mein Magen stünde Kopf!
Ich hinge bald am Tropf,
wenn...

Mit einem Kaffeeschock
da liefe ich Amok,
wenn...

Den Kaffee, spät um acht,
wacht ich die ganze Nacht
wenn...

Ich schlöß mich bald allein
ins stille Örtchen ein,
wenn...

Ich wüßte, wenn auch blaß,
von Jacobs Krönung was,
wenn...

Ick har denn ok mol good
vunt Tchibo Angebot,*
wenn...

Ich kriegte Lob auch aus
Columbias Armenhaus,
wenn...

Doch
Ich trinke lieber liebe Pfefferminze,
selbst wenn Ihr mich nicht recht auf Rechnung habt.

* Plattdeutsch: *Ich könnte das Tchibo-Angebot dann auch mal ausnutzen*

Vorzüge der Geräuschkulisse

Kassetten als Ersatz für Oldemors Erzählungen

Das Wunschkind Sidsel Susan
der Eltern von Mitte dreißig
entwickelte sich zu aller Zufriedenheit
innerhalb der gesteckten Rahmen.
Ein fröhliches Kind, nur
leider zu lebhaft und zu temperamentvoll.
Nach einer Drei-Minuten-Mahlzeit
sprang es auf,
rief »*tak for mad*« *
und stürzte davon,
wenn die Eltern es nicht daran hinderten.
Süßi Sidsel, wie sie zunächst genannt wurde,
war hyperaktiv und entnervend laut,
ein schäumender Gebirgsbach im kühlen Norden.

Die älteren Eltern
sannen an müden Feierabenden
auf Abhilfe und
kauften ihrer Sidsel
ein Walkmännchen
mit gepolsterten Ohrkontakten,
dazu einige Kassetten,
alles in einem hübschen Täschchen.

Sidsel schob sich die schwarzen
Muscha-Muscheln (ihr Ausdruck)
über die Ohren und
lauschte konzentriert.
Die Wellen der Musik trugen sie fort,

* Dänisch: »*Danke für das Essen*« (dänischer Brauch nach jeder Mahlzeit)

fort aus dem realen Raum
in eine Welt der Schwebe-Wolken
mit Sonne, summenden Käferchen
und lieben Engelein und ließen Sidsel ruhig werden.

Musik mit ihrem direkten Einfluß
auf den Organismus wirkt harmonisierend
als heilende Kraft
mit vollkommener Entspannung,
heißt es.

Bei Tisch hing das Kind fortan
der eigenen Tischmusik oder
Benjamin Blümchen nach
und blieb artig und still
sitzen.

Neben Konferenzen oder Gastlichkeiten
der Eltern sah man Sidsel
nach den allerschönsten Kinderliedern
höchstens mit vom Stuhl baumelnden Beinen
den Takt wippen.
So harrte sie
stundenlang lieb
aus.

In der Schule, wo der Lehrer den
Konkurrenzkampf
aufnehmen mußte, siegten fast immer
die schönen Melodien
und sangen Sidsel lauthals
still.
Bei Verboten schwieg sich Sidsel
bockig aus,
sie wünschte nur
Freiheit zum Hören.

Die Eltern fürchteten allmählich,
das Angebot an guten Kinderserien
könnte sich erschöpfen, denn
Sidsel kannte bald alle Folgen
von Bibi Blocksberg bis
zum drolligen Dackel Waldo,
doch für das zweisprachige Kind
blieb auch der dänische Markt offen
mit *Fætter Mikkel, Ponyen Putte,*
*Lille Klaus og Store Klaus**, und sonst
stand viel Musik zum Kauf bereit.

Nur ein Knopfdruck und
– *tryl med Spinoza*** –
der funktionelle Zauberer
ist allgegenwärtig.

Das mobile Walkmännchen
begleitete Sidsel überall,
als ihr Unterhalter auf dem Schulweg,
als ihr freundlicher Erzieher,
blieb Tröster bei Schularbeiten,
auch Helfer,
Spielkamerad und
ihr Schirm und Schutz
am Abend und im Straßenlärm.

Doch eines Tages,
als Sidsel wiedermal
nach flotten Rhythmen
durch die Straßen döste,
faßte ein Autohai zu,
so schnell, daß Sidsel
geradewegs aus irdischen in
himmlische Sphären entflog.

* Dänisch: *Vetter Michael, das Pony Putte, der kleine und der große Klaus*
** Dänisch: *Zaubere mit Spinoza*

Wie durch ein Wunder
kam das Täschchen mit
dem Walkmännchen
unversehrt davon.

Oder:

Nur ein Knopfdruck und
– *tryl med Spinoza* –
der funktionelle Zauberer
ist allgegenwärtig.

Das mobile Walkmännchen,
das täglich neu
seine Freundschaft anbot,
ohne daß es jemals
Auseinandersetzungen gegeben hätte
mit scharfem Duell geschliffener Wortklingen,
blieb Sidsels einziger Begleiter

Führer zu Visionen vom
rosigen, rhythmischen Reich
mit Melodiekübeln und
gefetzten Beatpalmen.

Sidsel lebte voll Sehnsucht
nach Schönheit und Vollendung
in ihrem musikalischen Herzen,
und bei dem akrobatischen Balanceakt
auf dem dünnen Seil
zwischen dieser Welt und
Trance und Traum
stürzte sie unvermittelt,
singend und Pirouetten drehend,
ab.

Wie durch ein Wunder
gelangte das Täschchen mit
dem Walkmännchen
unter die Erde
und die eindringlichen Melodien
mit euphorischer Wirkung
hüllen auch dich ein,
wenn du sommertags
das Ohr auf den Rasen legst
und an Sidsels Vollendung denkst.

Oder:

Nur ein Knopfdruck
– *tryl med Spinoza* –
der funktionelle Zauberer
ist allgegenwärtig.

Sidsels Walkmännchen
half ihr treu und ergeben
bei aller anfallenden Arbeit
im Haus und am Fließband
und befreite sie konsequent
vom simplen Bla-Bla
ihrer Mitmenschen.

Oder:

Nur ein Knopfdruck
– *tryl med Spinoza* – ...

Oldefars Blasmusik-Kapelle

In blankgeputztem Messingblech
blitzen sich bunte Bilder zurecht

Bilder der alten Sage
vom Rattenfänger – auch heutzutage

Uniformen und Fahnen
lassen Kriege wohl ahnen

Mengen gesetzter Leute
geben pompöses Geleite

Bilder von Reitern und Mähnen
mit Schleifen umwundenen Strähnen

Bilder von Bierzelt und Dorftanz
von Wirbelröcken und Erntetanz

Bilder mit Schunkeln und Schwingen
und rauhkehligem Singen

Trompetenschmelzgefühl
läßt keine Seele kühl

Dezibel bringen Ekstase
Messing spiegelt Masse

Bilder von Menschen und Welt
in Messingblech erhellt
sind immer dick und rund.

Blasmusik scheint gesund!

Tischmanieren von Blechmusik

Blasmusik Blechmusik
drängt sich herein
aufgeblasen aufgedonnert
dröhnt sie beiseite
pflanzt sich dazwischen
herrscht an
wischt eins um die Ohren
blitzt in Augen
verlangt nach Eisbein und Sauerkraut
greift nach Würsten und Schinken
fordert Köm und Bier
gluckst rülpst
langt über Tische
klatscht auf den Po
steigt auf die Bänke
macht sich dick und breit
mampft und schmatzt
lacht ins Gesicht

Seufzer der Geige:
Wie vorlaut! Gewöhnlich!
Wippen der Flöte:
Recht amüsant!
Hauch der Harfe:
Impertinent!
Staunt das Fagott:
Und doch Disziplin!

Tattoo im Apenrader Schloßhof

Kleine Melodie
fadenscheinig ist dein Kleid
der verschlissenen Worte
doch birgst du den Charme alter Rosen
den Schwung des Viermasters
unter vollen Segeln
den Schmelz der Jugend
die Wehmut der Nacht

Der alte Trompeter
wirft dich über den winkligen Schloßhof
dem jungen zu
zurück zu euch
kleine Melodie
du läßt dich schmettern
und wiegen
schluchzen und schmiegen
ewig junge Melodie

Du birgst den Charme
alter Rosen
den Schwung des Viermasters
unter vollen Segeln
den Schmelz der Jugend
die Wehmut der Nacht
kleine Melodie

Lebensfreude

Mizzi tanzt mit Blumenkranz
den Holzschuhtanz

Ann Katrin ergibt sich ganz
beim Holzschuhtanz

Gegens Schienbein tritt der Franz
beim Holzschuhtanz

Peter möcht's und Paule kann's
beim Holzschuhtanz

Gib Franz Ferdinand 'ne Chance
beim Holzschuhtanz

Immer dieser Firlefanz
beim Holzschuhtanz

Sannes Herz? Der Hans gewann's
beim Holzschuhtanz

Mann und Weib und Weibs und Manns
zum Holzschuhtanz

Weiter Rock und enges Wams
zum Holzschuhtanz

Rød' Sofie med lille bams' *
zum Holzschuhtanz

* Dänisch: *Die rote Sophie mit dem kleinen Teddy*

Nur mit seinen *træsko** kann's
der Svend beim Tanz

Hopp und Hei und Trost und Trance
beim Holzschuhtanz

Frerk un Sys un Lis un Frans
bin Tüffeldanz

Sauerkraut und Erbsenpams
nach Holzschuhtanz

und das liebe Geld – zerrann's
beim Holzschuhtanz?

* Dänisch: *Holzschuhe* (die man in Dänemark bis heute gern trägt)

Entstehung eines Blasmusikgemäldes

Blasmusik malt
mit Öl und Fettkreide
dicke Striche
grobe Konturen
grelle Farben
Kleckserei
hingeschmissen
vehement und wuchtig

und schon entstand
insgesamt
ein Marktplatzbild
mit Rathaus und Kopfsteinpflaster
mit Brunnen und *Brugsen*laster*
und Achtungsschild
und in der Mitte an bester Stelle
posiert die ganze Blaskapelle

* *Brugsen* (Dänisch): *Konsum;* Wortspiel: gemeint ist ein Lieferwagen, wobei die Autorin das Wort *Laster* im doppelten Sinne verwendet.

Sucht nach dem dänischen Sommerhausdach

Er bleibt das große Abenteuer in ihrem Leben, das Spannungsmoment, der unerschöpfliche Vorrat für Vermutungen, Analysen, Synthesen, psychologische Studien und Familienforschung. Er genießt ihre Sympathie, ihr Mitgefühl, sie ängstigen sich um ihn und sehen seinem nächsten Besuch voller Sorgen entgegen.

Die beiden älteren Damen, längst Witwen, erwarten den Mann aus dem Dunkel und verspüren eine gewisse Genugtuung, wenn sie ihrem Gast wieder einmal Schutz und relativ sicheres Versteck bieten konnten unter ihrem Sommerhausstrohdach in Dänemark.

Und wer ist er?

Kein Nachbar. Auch kein Freund des Hauses.

Nein, ganz schlicht: Ihr Einbrecher, John Sprott, Deutscher und Dänemark-Fan, Sommerhaus-Aufbrecher in kalten Wintermonaten, besonderer Liebhaber und Kenner des Ostseebereichs von Djernis bis Scherif.

In jedem Jahr, wenn die Winterstürme einsetzen und sich die tippelnden Ritter der Landstraße nach den vier Wänden mit Dach sehnen, stellt er sich ein, der Stamm-Gastganove der beiden Damen, klammheimlich, wahrscheinlich nächtlich.

Beileibe kein rücksichtsloser Mann! Sondern einer, der vorsichtig mit den Dingen umgeht und alles respektiert, denn er möchte wiederkommen. Nichts wird zerdeppert, nichts stibitzt, trotzdem hinterläßt er ein Chaos. Aber man kann schließlich von einem, dem die Polizei auf den Fersen sitzt, nicht verlangen, daß er hinter sich aufräumt und das Haus putzt.

Wie tut er den beiden älteren Damen leid, wenn sie im Frühling ihr entlegenes Sommerhaus betreten und den Margarineklumpen in der Pfanne vorfinden, daneben die gehäutete, inzwischen verschrumpelte Zwiebel und die vier Eier. Da hat man dem armen Kerl nachgestellt, als er sich anschickte, sein Räubermahl zuzubereiten. Er mußte mit hungrigem Magen davonstürzen – wie eine Laus aus dem Pelz geklopft.

Warm war der Pelz bestimmt gewesen, aus dem Holzverbrauch zu schließen. Alle Holzvorräte verheizt! Etwas morsches Geäst aus dem Wald, neben dem Ofen vorgetrocknet, stellt die Feuerungs-Bereitschaftsreserve dar. John mußte sich wiedermal eines ihm mit »Augen zu« eingeräumten Gastrechts über längere Zeit bedient haben.

Wiedermal die blau-lila karierte Matratze aus der Schlafkammer der Kinder vom Boden geholt! Er hat eine Vorliebe für das Vertraute, Einfache, vielleicht auch für fröhliche Farben. Sonst ist das gute Stück schäbig und durchgelegen.

Aha, wiedermal in Deutschland eingekauft! Die Damen fühlen sich wie Privatdetektive. Deutsche Haferflocken? Unüberlegte Geldverschwendung! Haferflocken sind doch in Dänemark billiger. Viele Schachteln Makkaroni. Ihr Gast bevorzugt die italienische Schnellküche. Oder wollte er die Sommerhausmiete in Makkaronis entrichten?

Einstieg wiedermal durch das schmale Seitenfenster. John muß also immer noch ein dünner Aal sein. Das Patent kennen sie seit langem: Er ritzt, wahrscheinlich mit einem scharfen Stein, nur ein faustgroßes Loch in die Scheibe, gerade groß genug, um mit der Hand den Sperriegel anheben zu können. So läßt sich das Fenster leicht öffnen, und der Aal windet sich hinein. Geschicktes Handwerk seiner Zunft.

Anschließend verklebt er die Bruchstelle sorgfältig mit Pappe und Tesafilm, beides von den Damen im Herbst für ihn paratgelegt. Das geben sie gern zu, denn ein abgedichtetes Fenster spart schließlich ihre Feuerung.

Wiedermal entdecken sie nur Selter- und Sodapfandflaschen. Na, und Teevorräte, von deutscher Kamille bis zu China-Export-Tee. John Sprott ist ein solider Mann, Ganove, aber Anti-Alkoholiker, sowas gibt's auch. Der genehmigt sich nicht einmal einen *opstrammer** (zur Stärkung des Rückgrats und zur allgemeinen Erwärmung).

* Dänisch: *Aufmunterer*

Was sollen die Kamillen besänftigen? Nervöse Magennerven? Erkältungserscheinungen nach nächtlichen Eskapaden mit nassen Füßen?

Was hat er denn in diesem Jahr gelesen? Die deutschen Krimis in Mengen blieben zurück als Ferienlektüre der beiden älteren Damen: »In Blut gewaschen«, »Flieg mit der Schlange, Adler Kühn«, »Messer an der Kehle«, aber auch »Grüner Zauberstein am Meeresgrund«. Das verrät einen Hang zum Phantastischen. Vielleicht hofft John Sprott auf die Stippvisite von *den lille havfrue* (der kleinen, berühmten H. C. Andersen-Seejungfrau).

Diesmal hat er sogar seine Maßstabskarte vergessen. Treuherzig ist sie mit seinem Namen versehen: John Sprott. So hatte er sich schon früher ausgewiesen, und die beiden Damen stellten Nachforschungen an, die weit mehr Aufschlüsse gaben als die sorgsam von ihnen gesammelten Zeitungsausschnitte über ihren Einbrecherkumpanen.

In einer vielköpfigen Flüchtlingsfamilie in Schleswig-Holstein war er aufgewachsen. Zank und Hunger hatten gelastet in zu engen Räumen. In der Schulklasse war er sich als überalterter Schüler zu dumm und zu lebensklug vorgekommen. Die hellen Sonnenphasen in seinem Kinderleben hatten die Einladungen nach Dänemark dargestellt, wo nach seiner Meinung Milch und Honig bis in die Sommerpaläste flossen. Die Flüchtlingsfamilie war schon in den Fünfzigern umgesiedelt nach Baden-Württemberg, wo der Vater Arbeit fand. Dem Sohn blieb der Traum vom Land seiner Sehnsucht, Dänemark. Immer wieder hatte es ihn in den Norden gezogen. In Schweden war er sogar in den sogenannten Krawattenmord verwickelt, und der eine Schlipsmörder hatte lange Zeit hinter den berühmten schwedischen Gardinen zugebracht. Danach blieb der Ostseeraum nahe der deutsch-dänischen Grenze sein bevorzugtes Aktionsgebiet, wo er als bewaffneter Sommerhaus-Schreck die Besitzer Angst und Gruseln lehrte. Doch Dänemark besänftigte ihn.Heute hängt er sich statt des Jagdgewehrs mit abgesägtem Lauf friedlich ein Netz über die Schulter. Der preisgünstige Einkauf südlich der Grenze lockt auch ihn. Zu oft muß er ein volles Makkaronilager eiligst aufgeben und den Hauseigentümern überlassen, die es später, so muß man annehmen, gar nicht zu schätzen wissen.

Auf fließend Wasser und Strom will er gerne verzichten. Heute sollte man sowieso sparen. Ein Eimer Wasser von der Pumpe im Hof, in Frostperioden vom Bach herbeigeschleppt, kann lange reichen. Die Wäsche scheint auch nicht sein Problem. Die beiden Damen hatten allerdings des öfteren Socken vorgefunden, die nur aus Löchern bestanden. Seitdem ließen sie im Herbst immer einige Selbstgestrickte zurück, die wohl dankbar angezogen wurden.

Sie haben durch allerlei Recherchen errechnet, daß ihr Stammgast ihr Sommerhaus weit länger pro Jahr bewohnt als sie selber. Das bleibt so, auch wenn John Sprott seit 1966 Einreiseverbot für Dänemark erhielt. Ihn zieht es unwiderstehlich in »seine« Winterpaläste. Seine Sucht bleibt der Norden mit den winterlich einsamen Stränden und dem Ewigkeitsrauschen des Meeres am Rande seines Lebens.

Die beiden Damen überlegen nun, ob sie ihren Gast in Horsens besuchen wollen, denn sie wissen ihn dort schon wieder hinter den dicken Mauern. Sie kennen ihn jetzt und möchten ihm den Schlüssel zu ihrem Reetdachidyll bringen. So könnten sich alle drei das kaputte Fenster ersparen. Ob die beiden übermorgen ins große Abenteuer abfahren?

Rund um Oldemors *juletræ**

Im Apenrader Museum schmückt man in jedem Jahr zur Adventszeit einen Weihnachtsbaum wie in Oldemors Zeiten. Du hättest Deine helle Freude daran, *kære Oldemor***.

Da hängen Äpfel, Nüsse, Pappengel und Tütchen mit Rosinen. Herzen und Sterne sind kunstvoll aus Glanzpapier gefaltet, selbstgebastelte weiße Christrosen blühen auf den Zweigen, und ein prächtiger Pappengel krönt die Tannenherrlichkeit. Was meinst Du zu den vielen, vielen Kerzen, *kære Oldemor*? Hast Du gesehen, da schummeln wir heute zwischen die »lebenden Lichter« unsere elektrischen Kerzen darunter. So zahlreiche brennende Kerzen könnten sonst leicht außer Kontrolle geraten.

Du meinst, Ihr hattet nur drei Kerzen am *juletræ*. Deine wohlhabenden Eltern schon fünf, und das waren reichlich.

Aber weißt Du, die könnte man heute keinem mehr anbieten. Auch Kinderaugen sind so an Lichterfülle gewöhnt, an Glühbirnengirlanden über Straßen und Geschäften, da muß ein Tannenbaum zur Weihnachtszeit schon mithalten können.

Deinen *juletræ* bezeichne ich trotz des reichen Kerzenschmucks als schlicht. Es fehlt ja aller Glitzerkram. Keine Silberfäden, Rauschgoldengel oder Kugeln, die den Glanz reflektieren. Das dunkelgrüne Nadelkleid wirkt wie frisch aus dem Wald hereingetragen. Zwischen den Ästen läßt sich noch ein Vogelnest vermuten. Du hattest ein Stück Natur in der guten Stube.

Ja, Dein *juletræ* prangt in der Mitte des Raumes, wie es sich in Deinen Augen gehört, denn es soll herumgetanzt werden.

Højt fra træets grønne top stråler juleglansen;
*spillemand, spil lystigt op, nu begynder dansen.****

* Dänisch: *Weihnachtsbaum*

** Dänisch: *Liebe Urgroßmutter*

*** Dänisch: *Hoch von der grünen Spitze strahlt der Weihnachtsglanz. Musikant, spiel fröhlich auf, jetzt beginnt der Tanz.*

Schön, wenn eine große Familie aus drei oder sogar vier Generationen einen geschlossenen Kreis bilden kann und mit den Kleinsten um den Tannenbaum hopst und singt: *Nu er det jul igen* * oder: *Da jeg gik over sø og land, da traf jeg der en gammel mand fra trampeland (eller klappeland eller vinkeland)*** .

So ist es immer noch:

Dänische Weihnachten verbinden sich mit Fröhlichkeit. Da wird gut gegessen und getrunken, und nach dem fetten Gänsebraten und dem Schlagsahnereis ist jedem richtig nach Bewegung zumute, nach Herumtraben und Lachen rund um den festlichen Baum. Dann wartet man auf die laute Stimme, mit der Vater – oder wem sonst die Ehre zuteil wird – die Namen der glücklichen Paketempfänger aufruft und ein launiges Sprüchlein hinteranschickt. Erst vor vielen Augen auswikkeln, staunen, bewundern, sich einen Scherz dazu einfallen lassen, dann beginnt das Spielchen von Neuem.

Die Feierlichkeit des Weihnachtsabends gehört in die Kirche.

Nachher freut man sich auf Frohsinn und Fest bis hin zum großen *julefrokost**** am 1. Feiertag, wo ein *koldt bord***** aufgetischt wird, daß sich die extra eingeschobenen Tischplatten biegen und *øl og snaps****** reichlich fließen.

Hast Du später im holsteinischen Lütjenburg auch das deutsche Weihnachtsfest schätzen gelernt, *kære Oldemor*? Hat sich Dein Ohr eingestellt auf Besinnlichkeit und ein leises, sanftes Miteinander? Liebtest Du es, wenn die weihnachtlichen Kirchenlieder hereingetragen werden in die Wohnzimmer, wenn der Weihnachtsbaum, der geheimnisvoll in der Ecke strahlt, immer ein dunkles, rätselvolles Dahinter erahnen läßt und alle, in sich versunken, singen:

* Dänisch: *Nun ist wieder Weihnachten*

** Dänisch: *Als ich ging über Wasser und Land, da traf ich einen alten Mann aus dem Trampelland (oder »Klatschland« – wo man in die Hände klatscht – oder »Winkeland« – wo man mit den Händen winkt).*

*** Weihnachtliches Buffet

**** Dänisch: *Kaltes Buffet*

***** Dänisch: *Bier und Schnaps*

»Es ist ein Ros entsprungen«

oder: »Kommet, ihr Hirten, ihr Männer und Frau'n« und: »Stille Nacht, heilige Nacht«?

Gehörte Dein Herz in Deinem späteren Leben ganz dieser Feierlichkeit und stillen Freude oder vermißtest Du zeit Deines Lebens das fröhliche, herzhafte Lachen rund um Deinen *juletræ?*

Weihnachtsketten rund um den Apenrader Marktplatz

»Wir haben bestimmt den allerschönsten Tannenbaum auf der ganzen Welt!« meint Jeppe und hält sich an Mutters Hand fest, damit er die Riesentanne auf dem Marktplatz richtig bewundern kann. Wie herrlich sie alles überstrahlt mit ihren langen Lichterketten, die sich im ewigen Wind dieser Stadt leise bewegen. Mit der Weihnachtstanne ziehen die festlichsten Wochen des Jahres in die kleine Stadt ein.

Die Straßenlaternen dämpfen ihren kalten Schimmer, hüllen sich in zarte Nebelschleier und lassen rücksichtsvoll die Tannenlichter zur vollen Geltung kommen. Sie wollen sich auch einmal im Jahr ausruhen, nur halbherzig arbeiten und den Gesprächen lauschen, die sie rund um den Marktplatz vernehmen.

»Einfach majestätisch wirkt unsere Tanne«, damit übertönt das alte Palais alle anderen Äußerungen im Häuserquarrée und sonnt sich würdevoll im Abglanz der Lichter, die es möglichst alle einfangen will mit seinen vielen Fenstern. »Unsere Tanne zeichnet sich aus durch hohen, makellosen Wuchs, und sie ist mit Orden übersät!« Damit erinnert sich das Palais an seinen Erbauer, den *kongelige Agent** Jørgen Bruhn. Diesen Titel fügt das Palais immer auf dänisch ein, denn auf deutsch höre er sich so gewöhnlich an. Was sei schon ein Agent? Weit entfernt von der Würde, die einstmals damit verknüpft gewesen war.

Die weihnachtlichen Zeiten bilden den Höhepunkt des Jahres für das stilvolle Palais. Es weiß wohl, wie es in fast makellosem Weiß erscheint im Lichterglanz, und es meint selbst, die lange Fensterflucht werde kein Ende nehmen. Dabei drängelt es die Nachbarn unsanft zur Seite. Der Festglanz aus der Tannenkrone steigt ihm unters Dach, so daß es ausladend mit

* Dänisch: *Königlicher Agent*

den verschiedensten Gegebenheiten aus seiner Geschichte renomiert, wobei sich zuweilen seine Balken sträuben und biegen. »Ich«, flötet das stattliche Gebäude, »ich bin in direkter Linie von norwegischer Abstammung. Der *kongelige Agent* Bruhn – da ist schon wieder der auffällige Titel! – ließ mich nach dem Vorbild des Norweger-Herrenhauses errichten, dem Elternhaus seiner Frau Gemahlin in Brevik, am Westufer des Oslofjords. Ich bin von edelster Herkunft und beherbergte einst einen dänischen König.« Dann kichert das schöne, alte Palais ganz unwürdig und wärmt wieder die uralte Geschichte auf, als Frederik VII. in seinen Mauern zuviel Rhabarber-Extrakt aus der Löwenapotheke gegen das Bauchgrimmen einnahm und dann mit schlimmen Folgen zu kämpfen hatte.

Mit diesem Benehmen und der unschicklichen Geschichte zieht sich das Palais den Unwillen des alten Kaufmannshofes von der gegenüberliegenden Seite des Marktes zu. Hier wurde schon zu Zeiten der Gemischtwarenhandlung I. A. Schmidt Wert auf gutes Essen gelegt, die eventuellen Folgen ignoriert.

In der Vorweihnachtszeit kommt sich das Haus mit der Sackwinde im oberen Giebel besonders wichtig vor, denn von hier läßt sich in jedem Jahr der Weihnachtsmann abseilen, bevor er unter die Menschenmenge um die Marktplatztanne tritt. Das gibt dem alten Haus Gewicht und Selbstvertrauen, und es wagt, gegenanzumucksen bei bestimmten Geschichten des herrschaftlichen Palais'.

»Dein Palaver um königliche Magennöte sind in der Weihnachtszeit vollkommen unpassend«, weist er das breite Palais zurück. »Hör doch auf mit den unrühmlichen Zeiten des Rückzugs nach der Schlacht von Schleswig 1864, mit armseligen Kriegsjahren, als ich nur mit der nackten Existenz kämpfte, weil die Leute kein Geld hatten, weder für Schnaps noch für Weihnachtsleckereien. Aber heute«, schwelgt der Kaufmannshof im Lichterglanz der Tanne, »heute kann jeder kaufen, was der menschliche Gaumen zu Weihnachten begehrt.« Dann beginnt er mit einer langen Litanei von Weihnachtsrezepten, eines noch leckerer als das andere, für die nur die allerbesten Zutaten zu verwenden seien.

»Braune Kuchen mit Mandeln und Sukade, Marzipantorte mit kandierten Walnüssen, Quittenmus, durch die Flotte-Lotte passiert, *æbleskiver med svesker**...«

»Ja, Pförtchen aus *Bedstemors*** Pförtchenpfanne mit den sieben Löchern«, greift das kleine unscheinbare Gegenüber den süßen Faden auf. Die sind in dieser Zeit das Leibgericht von meiner Familie. Ihr großen Häuser seid ja viel zu weitläufig und aufwendig gebaut, als daß sich der herrliche Duft aus der Küche bei Euch so ausdehnen, Euch gleichsam von unten bis oben erfüllen könnte wie in mir. Wenn in meinem Küchenherzen *æbleskiver* gebacken werden, dann zieht der Hauch von brutzelndem Fett durch alle Räume, die Backdünste nisten sich in meinen Gardinen und Tapeten ein, und es duftet viele Tage lang geheimnisvoll nach weihnachtlichen Zeiten.«

»All dies prosaische Geschwätz«, mokiert sich das Palais, »ist Dienstbotengeschnatter. Ihr solltet Euch lieber unserer einzig schönen Tanne widmen und Euch innerlich auf das hohe Fest vorbereiten. Laßt uns doch mal von der würdigen Tanne hören, wie sie sich bestaunt und gepriesen fühlt inmitten unserer ehrwürdigen Marktgesellschaft.«

»Ihr könnt mich doch nicht einfach übergehen«, trumpft das Pflaster auf. Es ist in dieser Zeit besonders stolz auf seine Pfützen. Jeden Tag wird es morgens unnötigerweise gewaschen. Danach trommeln tausend Füße fröhlichen Rhythmus auf sein Parkett, so daß es sich wie die glatte Haut einer Jazz-Trommel vorkommt. Dann summt es dazu »Jingabell«, echt amerikanisch.

Im Laufe des Tages regnet es ganz bestimmt, so daß ein aufregender Gegenrhythmus einfällt, der die Trommelwirbel der Füße beschleunigt.

Jetzt freut sich das Pflaster auf die Entstehung seiner Pfützen. Ach, wie das platscht, wenn eilige Füße durchpatschen! Eigentlich geben sich alle unbewehrt, also ohne hohe, pieksige Hacken, die ihm so verletzend die fünfzig Kilogramm Lebend-

* Dänisch: *Pförtchen mit Zwetschgen* (kleine gefüllte Teigkugeln)
** Platt-Dänisch: *Großmutter*

gewicht - meistens noch mehr - ins Pflastergesicht stelzen. Vor Weihnachten bei Regenmatsch sputen sich alle, von Geschäft zu Geschäft zu flitzen, und elegante Damen verlassen sich darauf, daß ihnen keiner auf die Hacken schiele und ziehen ganz gewöhnliche, sanfte Treter an. So kann das Pflaster sich ungetrübt seinem Pfützenglanz hingeben und den Lichterschimmer für sich beanspruchen in hundertfacher Spiegelung. Und wenn dann der kleine Klaus mutwillig kraftvoll hineinpatscht, erlebt das alte Pflaster einen Glitzerregen von Wunderkerzen. Einfach prachtvoll kommt es sich vor und besinnt sich auf seinen früheren Namen: Trottoir. Trottoir voller Sternentupfer, echt pariserisch! Ja, das ist die schönste Zeit des Jahres.

Das alte Palais hat derweil in seinem Lichterglanz geschlummert, nur ein kleines Nickerchen, wie bei älteren Herrschaften üblich. Jetzt rückt es seinen Fensterputz zurecht und greift seine Frage von vorhin nochmals auf: »Und Sie, schöne Tanne, wie fühlen Sie sich in unserer Gesellschaft als Mittelpunkt, geehrt und bewundert in Ihrem Lichterstaat?«

Da rauscht die Tanne leise im Wind und singt ihre Lieder von Vögeln, Mäusen, Kaninchen und vielen hübschen Tannenschwestern.

Damit ist aber keiner in der Marktplatzrunde zufrieden. »Verehrteste«, nimmt das Palais als Wortführer den Faden wieder auf, »sind Sie nicht bis in Ihr Mark hinein gerührt und ergriffen von all der Sympathiekundgebung aus Ihrer Umgebung? Von Kopf bis Fuß im Sternenglanz, das muß doch der Traum jeder Dame sein!«

»Vielleicht«, sinniert die Tanne, ohne sonderlich Notiz zu nehmen von allen gefühlvollen Seufzern und der Selbstgefälligkeit und der Geschäftigkeit um sie herum. Sie scheint abwesend, in sich versunken, wenn sie auch pflichtschuldig ihre hundert Arme ausstreckt.

Ihr Gehabe irritiert den alten Kaufmannshof: »Nun man to, fühlst Du Dich nicht wunderbar?«

Er hat anderes zu tun und zu denken, als auf die Empfindungsäußerungen von Tannen zu warten. »Nun gut«, beginnt die Tanne, »Menschenmachwerk seid Ihr alle und ich dazu hier mit all dem Lichterglanz. Dabei täten die Menschen besser daran, wenn sie mich in der Stille des Waldes besuchten. Dort draußen fänden sie Ruhe in ihren gejagten Seelen. Dort würden sie meine leisen Lieder vernehmen. Ihre Sinne könnten sich öffnen und die wahre Freude einlassen, die mit dem Weihnachtsfest verbunden ist. Dort draußen könnte ich sie wahrhaft beschenken mit Nachdenklichkeit und innerem Frieden. Inmitten all des Trubels hier kann ich ihnen keine Feiertagsschmiede sein. Aber vielleicht«, sinnt sie weiter, »finden die Menschen ein Weihnachtsglück durch mich doch in sich selbst, vielleicht mit den kleinen lieben lebenden Lichtern –«

Quelle: Hans Bruhn, »Erinnerungen eines Nordschleswigers aus den Kriegsjahren 1848/49 und 1864«, Apenrade 1898.

Der kleine Jeppe

»*Oldefar**, warum sagst du so ärgerlich: Wir haben nur noch fünftausend deutsche Stimmen? Das ist doch laut, wenn die alle auf einmal singen.«

Eigentlich wollte Lene sich als begeisterte junge Reiterin im Frühjahr auf *Kliplev Mærken*** ein Pony kaufen, aber dafür reichte der Inhalt des Sparstrumpfes nicht. So mußte ein kleines braunes Entenküken als Trostpflaster dienen, das im Laufe des Sommers in Oldemors Entenschar mitlaufen durfte als braunes Federknäuel unter lauter weißen. Lene besuchte es oft und rang Oldemor das Versprechen ab, daß ihre kleine Braune das Weihnachtsfest überleben sollte.

Da brach der Fuchs ein im Entenhock. Es mußte ein ausgewachsenes Tier sein, denn es hauste fürchterlich. Vier Enten, drei weiße und Lenes brauner Liebling, verschwanden spurlos, also ohne sichtbare Federzeichen. Zwei weitere Enten wurden so massakriert, daß sie notgeschlachtet werden mußten. Die verbliebenen elf Enten ließ er ungeschoren. Lene war untröstlich und quälte Oldemor mit der Frage: »Da blieben doch so viele dicke Weiße nach. Warum holte der Fuchs ausgerechnet *min lille søde Sorte-Peter***?*«

Jeppes Freund Pepe ist seit einiger Zeit im deutschen Kindergarten. Nun sei die Eingewöhnungs- und Schonphase vorbei, meint die Kindergärtnerin, fordert Pepe zum Aufräumen auf und setzt freundlich hinzu: »Ich helf dir auch.« Aber da will Pepe künftigen Entwicklungen energisch vorbeugen und fällt ins Sønderjydsk zurück: *»Mener du, jeg vil brække både arm og ben med at rydde op?«* (»Glaubst du, daß ich mir beim Aufräumen Arme und Beine brechen will?«)

* Dänisch: *Urgroßvater*
** Dänischer Frühjahrsmarkt
*** Dänisch: *mein kleiner süßer Schwarzer Peter*

Nach einem Besuch auf Röm erklärt Jeppe:

»Jetzt will ich nicht mehr Strandkorbausvermieter werden. Ich und mein Freund Pepe kaufen einen Trecker und ziehen damit alle festgefahrenen Hamburger aus dem Sand. Und dann schaufeln wir Geld *tonsvis**.«

»*Oldemor, hvad er en hattedame på tysk?* « – »Urgroßmutter, wie nennt man auf deutsch eine Dame, die immer ihren Hut spazierenführt?«

»Papa, Eskilds Vater hat gesagt, er kann in Deutschland ganz viel verkaufen mit männlichem *Scharme***. Ist das was von dänischen Männern?« Der Vater lacht: »Ich glaub eher, das ist was Französisches von Damen.« »Ach Papa, du machst mich nur zu *grin****. Sag doch mal ehrlich!«

»Oldemor, guck mal das Schild da: *'papirindsamling'*. Auf deutsch müßte ich das großschreiben, mit ie, ohne d, und ich glaub, mit mm: *Papiereinsammlung*. Und dann würde Herr Thomsen noch mit Rot an den Rand schreiben: *'Danismus!'*, weil es schlechtes Deutsch ist. Mit dänischer und deutscher Rechtschreibung muß ich doch in Tüdeln kommen. Ich glaub, ich kapier das erst richtig, wenn ich so alt bin wie du.«

Weil ihr deutsche Würstchen weniger fett und würziger erscheinen, kauft sie für ihre Gäste fünf Dosen extralange Bockwürste.

An der Grenze wird der Einkauf entdeckt: »*Import af kød er forbudt*« (»Es ist verboten, Fleischwaren nach Dänemark zu importieren«).

»*Også i dåser?*« (»Auch in Dosen?«)

»*Også det.*« (»Auch das.«)

* Dänisch: *tonnenweise*

** Dänisch (lauttreu gesprochen): *Charme*

*** gøre til grin = *verulken, veralbern*

Da öffnet sie an der Grenzstelle eine Dose und beginnt, Luffelu damit zu füttern – in einem Maße, wie man das sonst vom Gänsepfropfen gehört hat. Das kann der Zollbeamte nicht mit ansehen.

»Pack dit habengut og raffel af!« (»Pack deine Sachen und troll dich!«)

»Oldemor – wenn du *skiern eggs** kochst, sind das dann beschissene deutsche Eier?«

»Mami, glaubst du, ich kann *stolen* auf Espen?«

Die Mutter korrigiert: »Du meinst dich verlassen, Jeppe.«

»Ja, denn als wir neulich zusammen spielten, kamen Espens Freunde aus der dänischen Schule, und dann hat er mich einfach verlassen.«

Der Mutter wird das Mißverständnis offenbar, und sie erklärt: *»At stole* bedeutet jemandem trauen, sich auf ihn verlassen können.«

»Mami, ich will doch bloß wissen, ob Espen wirklich mein Freund ist.«

»Mami, wie ist das eigentlich mit Papa und dir, sagt ihr immer nur 'Ich liebe Dich' oder auch mal zwischendurch *'Jeg elsker dig?'*« »Wir sprechen doch deutsch miteinander, und darum belassen wir es bei den deutschen Worten.«

»Ich glaub, ich mach das später anders. Ich find es nämlich auch flott zu sagen: I love you.«

Sindets Mutter spricht auf einem Elternabend die Lehrkraft an: »Sindet ist so still und schüchtern und in Deutsch unsicher. Sie sollen sie öfter mal *rosen***.«

* Dänisch: *Eier in Senfsauce; dreckige, schielige Eier* (doch klingt das im Dänischen nicht ordinär)

** Dänisch: *loben*

Kjöbenhavn d. 23de April, 64.

Min elskede Heinrich!

Din sörgeliga Skjebne har jag desto værre erfaret jag veed först saaradt, du er saaret; men nu da jag har hört fra dig er jag dog bleven noget roligere og haaber nu og faa at beholde dig, men det har været en skrekkelig Tid for mig at gaa i denne uvished, jag har allerede skrevet 2–3 breve, men da de kun vare adresserat til Augustenborg Lazareth saa har du vel ikke modtaget dem.

Og nu min kjære Heine maa jag bede dig at være rolig og taalmodig ikke sörge over den Ulykke som er skeet du veed at dit Liv er os alle dyrebart vi maa sætte alt vort haab til Gud han vil heller ikke forlade os mange tusende Mennesker har jo den samme Skjebne, havde det været en Arm du har